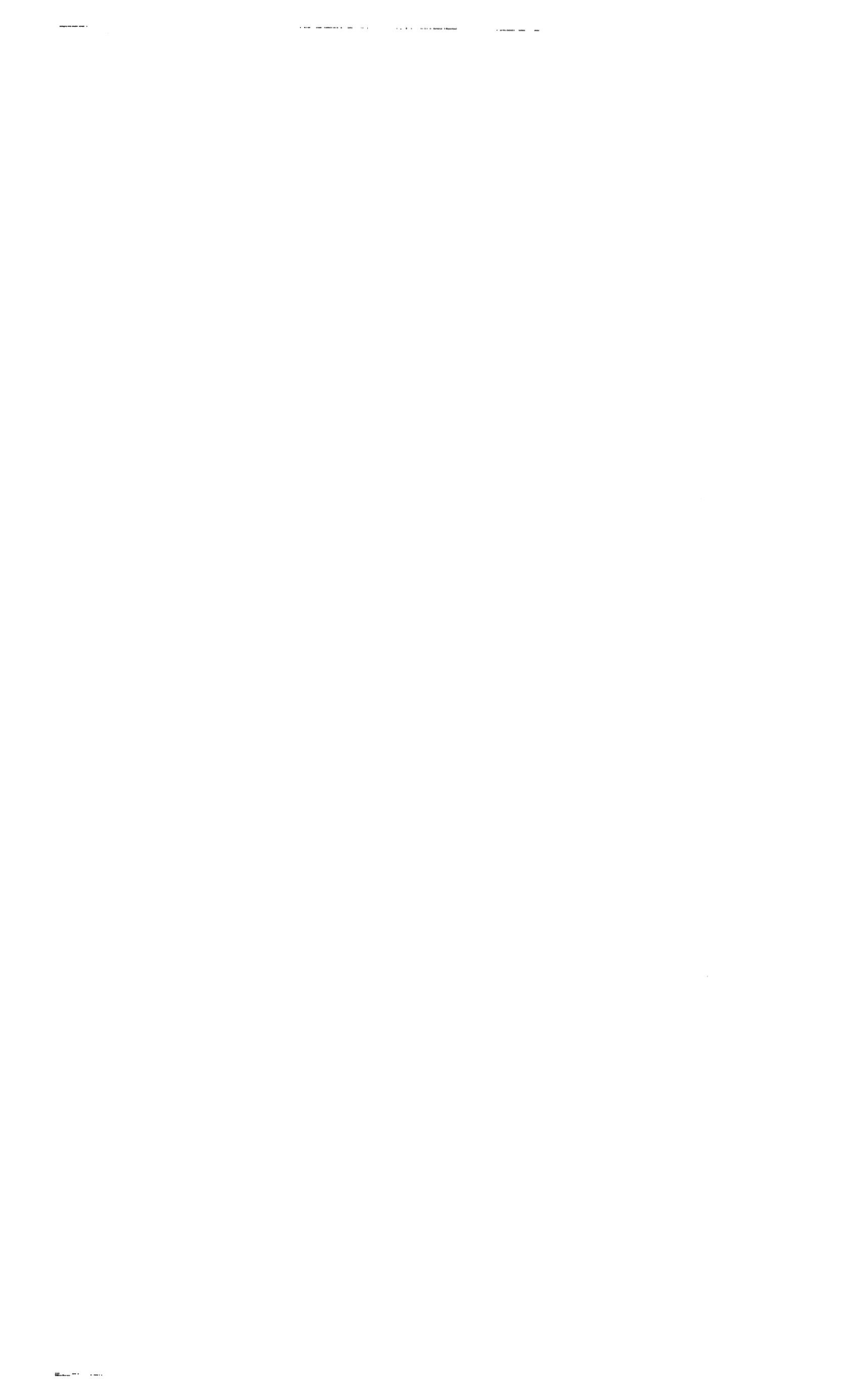

INTRODUCTION

A LA

CHANSON DE ROLAND

Se trouve à Paris, chez POTIER, libraire, quai Voltaire, n° 9.

INTRODUCTION

A LA

CHANSON DE ROLAND

SUIVIE

DU MANUSCRIT DE VALENCIENNES

PAR F. GÉNIN

CHEF DE DIVISION AU MINISTÈRE DE L'INSTRUCTION PUBLIQUE

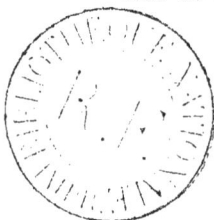

PARIS

IMPRIMERIE NATIONALE

M DCCC L

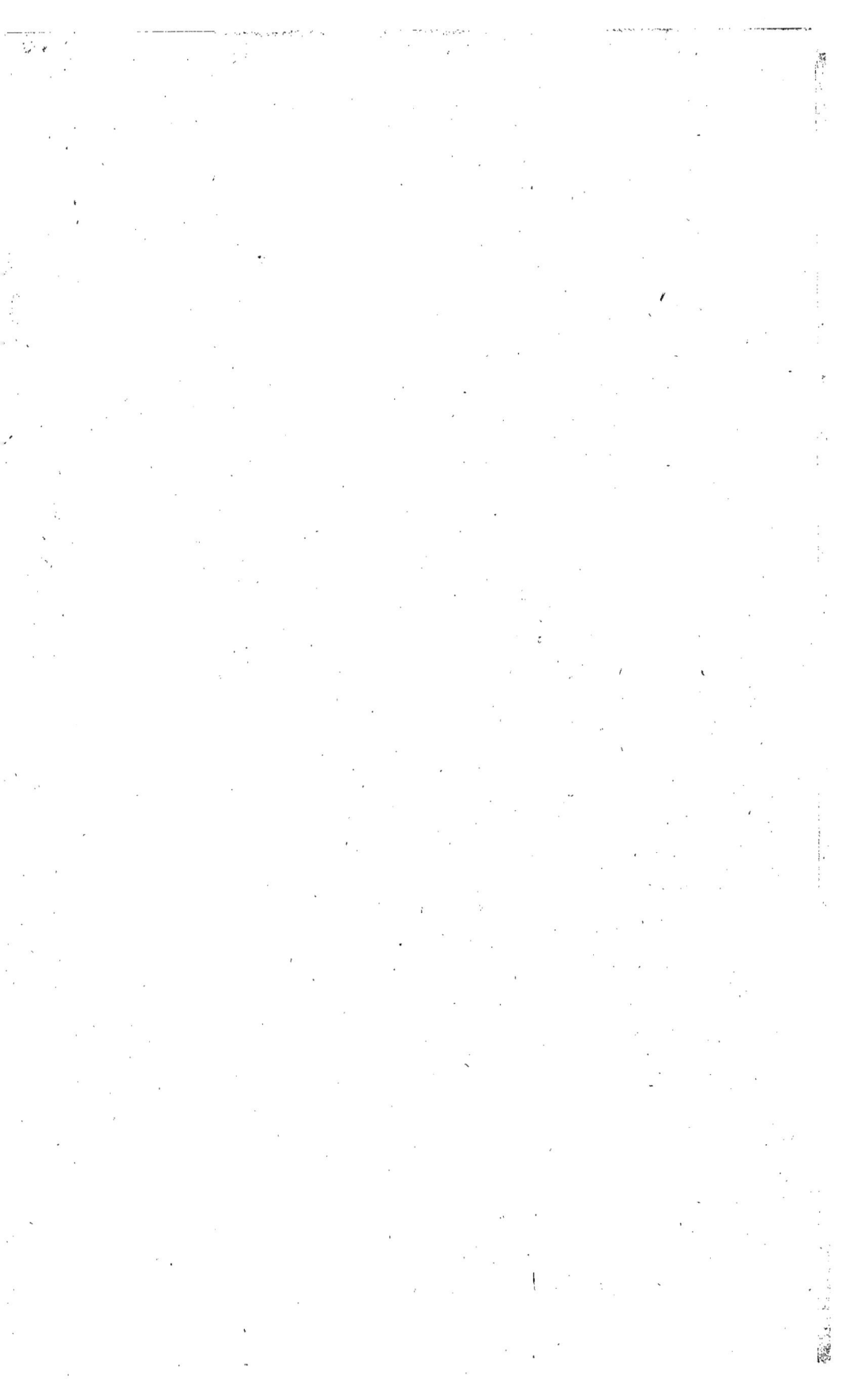

INTRODUCTION

AU

POËME DE ROLAND.

—————

CHAPITRE Iᴱᴿ.

Aperçu du poëme. — Que renferme-t-il d'historique?

Combien de fois n'a-t-on pas répété : « Les Français n'ont pas la tête épique ! » Voltaire a trouvé cette formule dans le temps juste qu'il composait la *Henriade*[1]. Le poëme a servi de pièce justificative à la sentence.

Mais aussi, à qui demandait-on une épopée? Au xviiiᵉ siècle, au xviiᵉ ou au xviᵉ; au delà c'était la nuit, le chaos; on n'avait garde d'y plonger; et parce que la *Franciade* de Ronsard, le *Clovis* de Desmarets, et quantité d'autres semblables ne valaient rien, on se hâtait de conclure, et l'on faisait galamment les honneurs de la France aux nations étrangères.

Le caractère essentiel de l'épopée, c'est la grandeur jointe à la naïveté; la virilité, l'énergie de l'homme fait unies à la simplicité, à la grâce ingénue de l'enfant : c'est Homère. Comment cette production essentiellement primitive aurait-elle pu éclore à des époques pédantes ou d'une civilisation corrompue comme le xviᵉ, le xviiᵉ et le xviiiᵉ siècle? Le

---

[1] A la fin de l'*Essai sur la poésie épique,* Voltaire attribue le mot à *feu M. de Malézieux.* On sait ce que cela veut dire.

1

poëte épique vit dans les siècles épiques; et de même que
l'âge d'or était l'âge où l'or ne régnait pas, les temps épiques
sont les temps aussi où le nom de l'épopée était inconnu.
Achille et Agamemnon, comme Roland et Charlemagne,
ne soupçonnaient pas qu'ils fussent des héros épiques,
non plus qu'Homère ni Theroulde ne poursuivaient la gloire
de bâtir une épopée. Guerriers comme poëtes, ils obéis-
saient à un instinct, et c'est ce qui a fait leur grandeur.
Ce n'est pas que le poëte épique ne puisse songer à la postérité, mais il y songe moins dans un intérêt de gloire personnelle ou littéraire que dans l'intérêt du sujet qui le remplit, l'échauffe et le passionne. Il ne se dit pas : ici je serai
simple, là je serai sublime; ici religieux, là spirituel, et
l'on m'admirera. Non; il est ce qu'il peut; il sent profondément; il peint ce qu'il sent et ce qu'il voit; et sa peinture sincère, considérée à la distance des âges (car le temps
est un puissant collaborateur des poëtes épiques), saisit
d'étonnement et d'admiration. Quant au poëte lui-même,
tout au plus a-t-il signé. On demande : Homère a-t-il vécu?
qu'était-ce que Theroulde?

« Il faut avouer, dit Voltaire, qu'il est plus difficile à un
Français qu'à un autre de faire un poëme épique; mais ce
n'est ni à cause de la rime, ni à cause de la sécheresse de
notre langue. Oserai-je le dire? C'est que de toutes les nations polies la nôtre est la moins poétique [1]. »

Oserai-je à mon tour contredire Voltaire? Il n'est pas
plus difficile à un Français qu'à un autre de faire un poëme
épique, et la nation française n'est pas la moins poétique

---

[1] *Essai sur le poëme épique*, chap. IX.

de toutes les nations polies. La difficulté n'est pas celle qu'indique Voltaire; la voici : c'est qu'un siècle raisonneur n'est pas plus capable de produire une épopée qu'un enfant de produire un traité de philosophie. Voltaire, dans son Essai sur le poëme épique, critiquant certains détails merveilleux, demande comment on peut les offrir à des gens raisonnables, à des lecteurs sensés. Eh bien, tout est là : vous êtes sensés et raisonnables, et même très-raisonneurs; faites l'Encyclopédie, et ne vous mêlez point de poésie épique.

L'esprit de critique et d'analyse est essentiellement opposé à l'instinct épique : ils s'excluent réciproquement; et l'esprit de critique fut au plus haut degré celui de la renaissance, et surtout celui du XVIIIe siècle; et dans le XVIIIe siècle, nul ne le poussa plus loin que Voltaire.

Hélas, oui, c'est le malheur de votre *Henriade*, de ne renfermer rien qu'on ne puisse présenter à des lecteurs sensés et raisonnables!

Que devient l'épopée sans merveilleux? et que devient le merveilleux à la lumière de la raison?

Il y a pourtant du merveilleux dans la *Henriade*? Mais quel merveilleux! celui que le raisonnement a conseillé d'y mettre, merveilleux à la glace, objet du mépris tacite de l'auteur.

Il faut donc distinguer deux sortes d'épopées : l'épopée sincère, naïve, et l'épopée artificielle ou d'imitation. L'*Iliade* et l'*Odyssée* sont le type de l'une, l'*Énéide* est le type de l'autre. A la première classe appartiennent les *Nibelungen*, le poëme du *Cid*, le *Roland* de Theroulde, la *Divine Comédie;* à la seconde, la *Jérusalem délivrée*, la *Messiade*, le *Paradis*

1.

perdu, la *Henriade* et le *Roland furieux*, puisqu'on est accoutumé à le compter pour une épopée[1].

Le vice radical de toutes ces compositions laborieusement imitées et calculées, c'est que l'art y étouffe la nature, que tout y est factice, dès lors sans véritable intérêt.

Dans l'épopée sincère, il a fallu que le génie suppléât à l'absence de l'art; dans l'épopée artificielle, c'est à l'art à suppléer le génie.

Les visions terribles ou consolantes de l'enfer, du purgatoire et du paradis, sauront toujours attacher des esprits imbus d'une foi vive et sombre, comme Dante, qui réellement y a mis son cœur; mais quel chrétien, fanatique même et superstitieux au plus haut degré, s'intéressera jamais aux anges qui tirent le canon, ou bien à l'allégorie de la mort mariée au péché? Je suis cent fois plus ému de Peau-d'Ane ou de la Barbe-Bleue!

Voltaire, l'Arioste, Milton, Klopstock, et Virgile à leur tête, inventaient de sang-froid, et ne croyaient pas un mot de leurs inventions. Ils sont bien au-dessus de cela! Toutefois, ils tâchent de paraître dupes de leur imagination, mais je ne le serai pas de leur ruse : ils n'ont pas la bonne foi, ils ne me persuaderont point. Je me borne à reconnaître et

---

[1] La première, la plus indispensable qualité d'un poëte épique, c'est la sincérité et la bonne foi. Je ne puis me décider à donner ce titre à l'Arioste, qui n'a qu'un but et qu'un souci, railler perpétuellement ses héros, ses lecteurs et lui-même. Un fragment de l'*Iliade* ferait encore reconnaître une épopée; le *Roland furieux* réduit à un seul chant, s'appellerait un conte : il en a quarante-six; c'est un conte en quarante-six chants : la dimension de l'ouvrage n'en change pas la nature.

Le *Roland furieux* est une épopée comme *Don Quichotte* est un roman de chevalerie, comme la parodie appartient au genre dont elle se moque.

admirer de sang-froid comme eux leur patience et le bonheur de leur artifice.

Mais Homère! quelle honnêteté, quelle crédulité à sa
propre parole! J'y crois donc aussi : il me touche et m'en-
traîne.

Le *Roland* de Theroulde appartient, comme l'*Iliade*, à la
première catégorie : c'est une épopée sincère. Le sujet tient
au cœur même de la patrie : il est national pour les Français autant que l'étaient pour les Grecs les événements de
la guerre de Troie. Quel nom dans notre histoire plus grand
que celui de Charlemagne? Charlemagne tient dans le
monde moderne la place que, dans le monde ancien, tenait
Agamemnon. Roland et Olivier peuvent être mis en regard
d'Achille et de Patrocle; Calchas lui-même trouvera son re-
présentant dans l'archevêque Turpin. Toutes ces figures,
bien que certainement historiques, sont placées sur les limites de l'histoire et de la légende; elles apparaissent, dans le
lointain des siècles passés, voilées de ce mystérieux crépus-
cule qui les élève et grandit leurs proportions; elles sont dans
les meilleures conditions de l'épopée : les siècles accumulés,
les ruines d'un empire, d'un peuple, d'une civilisation, voilà
le véritable piédestal des héros épiques. C'est tout ce qui
manque encore à Napoléon. Supposez huit ou dix siècles
écoulés, et les révolutions accomplies qu'amène nécessairement un pareil intervalle; supposez réalisé le rêve du bon
abbé de Saint-Pierre : la paix universelle et toutes les nations amies; la guerre est oubliée; on n'en connaît plus que
le nom, comme celui d'une ancienne et terrible maladie de
l'humanité, comme nous connaissons le nom de la lèpre.
Qu'alors on découvre tout à coup une histoire des batailles

de la république, du consulat et de l'empire; une relation de la grande armée, de l'expédition d'Égypte, de la retraite de Moscou !... Napoléon sera-t-il moins épique qu'Agamemnon ou Charlemagne ?

Désormais on ne reprochera plus à la littérature française de manquer d'une épopée : voilà le *Roland* de Theroulde. Et si la France a si longtemps attendu à la montrer aux autres nations, c'est qu'il a fallu pour la retrouver fouiller plus profondément. J'avoue que cette épopée du XIe siècle ne paraîtra pas brillante et polie comme celle du Tasse ou de l'Arioste ; mais la rouille vénérable dont elle est couverte n'empêchera pas d'en apprécier toute la valeur. Cette rouille sied bien aux médailles antiques. Une de nos pièces d'un franc toute neuve est absolument parlant plus belle qu'une monnaie phénicienne ou babylonienne, mais ce n'est point cette beauté qui détermine le prix.

Cependant la vétusté n'est pas aussi une recommandation qui puisse tenir lieu de toutes les autres : ce serait pousser trop loin la révérence de l'antiquaille, comme dit Rabelais. On a exhumé de la poudre des bibliothèques des compositions du XIIe ou du XIIIe siècle, très-considérables par leur volume, qui, annoncées pompeusement sous le titre de *grandes épopées*, n'ont point justifié par leur mérite l'enthousiasme de leurs parrains. L'illusion qu'on avait voulu produire n'a pas duré longtemps, et l'intelligence du public a bien vite sondé la véritable valeur de l'œuvre sous la couche d'archaïsme qui semblait la protéger. C'est cette perspicacité qui me rassure pour la fortune du poëme de Theroulde.

En effet, le *Roland* diffère essentiellement de tous les

poëmes du moyen âge publiés jusqu'à ce jour. Ces compositions ont toutes le même vice radical : l'absence de plan. L'auteur avance au hasard, exclusivement préoccupé du carillon de ses rimes, et si peu pressé d'arriver, qu'on dirait que lui-même ne sait pas où il va. Dans les parties de ces récits immenses, aucun ordre, aucune lumière. C'est un entassement, une monotonie d'expression, un vide de pensées qui dès la seconde page assouvissent le lecteur fatigué.

Le plan du *Roland*, au contraire, est nettement tracé; toutes les parties en ont été mesurées d'avance, combinées avec industrie et limitées dans de justes proportions. L'intérêt ne s'égare pas au milieu d'une cohue de personnages qui se ressemblent tous dans leur pâleur. Il y a dans *Roland* quatre acteurs principaux : Roland, qui l'emporte sur tous; Olivier, un peu au-dessous de lui; l'archevêque Turpin, et enfin Charlemagne. J'allais oublier Ganelon, dont le rôle est si important et le caractère tracé d'une main si ferme et si délicate à la fois. Dans le camp opposé, le roi Marsille est à peu près le seul personnage saillant, à moins qu'on n'y joigne l'émir Baligant, qui ne paraît que dans la seconde partie du poëme, pour porter secours à Marsille et périr de la main de Charlemagne en un combat singulier.

Le cœur du sujet, c'est la bataille de Roncevaux. Le poëte expose d'abord les causes qui ont brouillé Roland avec son beau-père Ganelon, et qui ont fait de ce dernier un traître à jamais exécrable aux Français. Vient ensuite la bataille et la défaite glorieuse des nôtres, où le poëte déploie toutes les ressources de son génie. Charlemagne, averti par le son du cor de son neveu, retourne sur ses pas; il arrive, hélas! trop tard pour sauver les vingt mille

Français et les douze pairs victimes d'un infâme guet-apens,
mais non trop tard pour les venger. Il défait les Sarrasins,
renforcés de l'armée auxiliaire de Baligant. A cette nouvelle,
le roi Marsille, déjà mutilé par l'épée de Roland, couché
sur son lit de douleur, se tourne vers la muraille, et rend
le dernier soupir. Charlemagne, rentré en France, fait juger
Ganelon au champ de mai; Ganelon demande le jugement
de Dieu : son champion est vaincu par celui de Roland;
le traître est écartelé et toute sa famille pendue sur la
place.

La nuit suivante, un ange vient de la part de Dieu apporter en songe à Charlemagne l'ordre d'aller en pèlerinage
à la terre sainte, et le rideau tombe sur cette scène mystérieuse.

Tout cela, je le répète, est dessiné d'une main ferme,
avec un choix et une sobriété de détails qui décèlent un
sentiment d'artiste dont on chercherait vainement la plus
légère trace dans cette foule de compositions d'une date
beaucoup plus récente.

Deux passions remplissent le poëme : la valeur et l'a-
mour de la patrie. Nulle part ailleurs on ne retrouve cette
tendresse émue, ce dévouement sans bornes pour la *terre
de France*. Ce feu suffit à échauffer l'œuvre d'un bout à
l'autre. A peine si le poëte laisse parmi cette noble flamme
se glisser un rayon de l'autre amour. C'est la fiancée de
Roland, la belle Aude, qui vient redemander à Charlemagne
son fiancé. Charlemagne, les larmes aux yeux, lui apprend
la catastrophe du héros, et, pour le remplacer, lui offre son
propre fils, Louis, son successeur futur. La belle Aude ne
répond que deux mots : «Sire, cette parole m'est étrange!

ne plaise à Dieu que je survive à Roland! » et elle tombe morte aux pieds de l'empereur.

Cet épisode de vingt-huit vers est placé là avec un art infini pour préparer le dénouement. Cette dernière victime réveille et redouble la pitié de toutes les autres; il n'en peut rester aucune pour le scélérat auteur de tant de désastres.

Et cependant, au début, que Ganelon s'était montré beau, courageux et fier! A la cour de Marsille, seul au milieu de tous ces Sarrasins, en danger de mort, avec quelle dignité, quelle intrépidité il soutient l'honneur de la France! Il semblait impossible qu'elle fût plus dignement représentée. Mais c'est ce même orgueil indomptable qui va précipiter Ganelon dans l'abîme. Il n'y a pas au théâtre de scène plus habilement filée que celle de la séduction. Le vieux corrupteur Marsille fait agir tour à tour sur l'âme du malheureux ambassadeur la flatterie, la cupidité, surtout la soif de la vengeance; et l'entretien, commencé par l'éloge de Charlemagne, finit par la promesse de livrer Roland et l'arrière-garde. L'arrière-garde est sacrifiée à cause de Roland; aussi à la fin Ganelon s'indigne-t-il du nom de traître : je me suis vengé de Roland, il m'en avait donné le droit; mais de la trahison, je n'en reconnais point dans tout ce que j'ai fait! La haine contre Roland est le ressort principal de la machine, comme dans l'*Iliade* la colère d'Achille. L'idée de montrer Ganelon intéressant avant de le montrer perfide, de conserver par la passion un reste de grandeur à ce personnage déchu, cette idée, surtout mise en œuvre comme elle l'est ici, révèle un artiste consommé. Que pourrait-on demander davantage à un élève d'Aristote, nourri de l'étude des classiques?

Il m'est difficile de croire que ces modèles aient été complétement inconnus à Theroulde. Il nomme quelque part Virgile et Homère; à la vérité cela ne conclut pas à l'étude de leurs ouvrages. Les dénombrements de guerriers à la manière de l'*Iliade* pourraient n'être qu'une rencontre du hasard; mais le tableau des présages de la mort de Roland, à la fin du chant second, ne paraît-il pas une imitation des présages de la mort de César, au premier livre des *Géorgiques?* Quelques traits sont communs; par exemple, Virgile parlant du soleil :

> Cum caput obscura nitidum ferrugine texit,
> Impiaque æternam timuerunt sæcula noctem;

est ainsi rendu par Theroulde :

> Contre midi tenebres y a grans!
> N'y a clarté se le ciel ne s'y fend.
> Disent aucuns : c'est le definement;
> La fin du siecle qui nous est en present.

L'idée du jugement dernier est plus terrible à l'imagination des chrétiens qu'à celle des païens les comètes et les étoiles tombantes par où Virgile achève sa description. Theroulde termine la sienne par le trait le plus pathétique : ceux qui expliquent ces prodiges par la fin du monde n'en savent pas la vérité, ils se trompent :

> C'est le grand deuil pour la mort de Roland!....

Le poëte latin porte plus loin sans doute l'art d'agencer les mots et de créer des figures de rhétorique; mais l'ensemble du poëte français ne produit pas un effet moins sinistre; et justement parce que Theroulde ne fait pas tant songer à soi, parce qu'il est plus naïf et plus simple, l'impression est plus sentie et plus profonde. Theroulde a des traits de sensibilité qui ne sont pas dans Virgile : « Les Français ne reverront plus leurs pères, ni leur famille, ni Charlemagne, qui les attend à l'extrémité des défilés !.... » C'est encore une inspiration très-poétique d'avoir fait paraître les présages du malheur, non sur les lieux où il doit s'accomplir, mais bien loin de là, dans le pays que la nouvelle doit le plus accabler, dans la patrie de Roland. Cette condoléance mystérieuse de la nature, cette compassion anticipée à une calamité inévitable émeut l'imagination, la trouble et la remplit de mélancolie.

Mais où notre poëte s'est surpassé, c'est dans la peinture de la bataille de Roncevaux : toute cette seconde moitié du troisième chant est admirable ! Nous allons voir tomber l'un après l'autre les trois plus illustres pairs, unis par la vaillance et l'amitié, inséparables dans la mort. Olivier est le premier frappé : atteint à la tête, le sang qui remplit ses yeux lui obscurcit la vue; il rencontre Roland, et, le prenant pour un païen, lui assène un coup terrible ! Le preux étonné ne se fâche point : « Sire compagnon, le faites-vous exprès? Vous ne m'aviez défié en nulle guise : c'est moi, Roland, votre ami. » Olivier lui répond : « Je vous reconnais au parler, car je n'y vois plus. Pardonnez-moi de vous avoir frappé. » Roland répond : « Je n'ai point de mal; je vous pardonne ici et devant Dieu. » A ces mots ils se saluent, et se séparent pour aller mourir chacun de son côté. ·

Que manque-t-il à cela que d'être écrit en grec?

L'archevêque Turpin, prévoyant l'issue du combat, avait poussé son cheval blanc sur une éminence, et là, devant

qu'on en vînt aux mains, il avait harangué les soldats :
« Voici la bataille. Battez votre coulpe, et je vous donnerai
l'absolution pour sauver vos âmes. Si vous mourez, vous
serez tous saints martyrs. » Toute l'armée met pied à terre :
l'archevêque les bénit, les absout, et pour pénitence leur
enjoint de frapper ferme !

Il prêchait d'exemple : Roland, blessé lui-même, rencontre Turpin à l'agonie : il l'embrasse, essaye de panser
ses plaies; ensuite il va reconnaître parmi les morts les cadavres de leurs amis qu'il apporte l'un après l'autre et
range aux pieds de l'archevêque. Olivier se trouve dans le
nombre : Roland le pose à part sur un bouclier, et prononce son oraison funèbre. Turpin, par un effort suprême,
interrompt son agonie : il se soulève, bénit les morts, et
puis achève de mourir. Roland lui rend le même pieux
office qu'il vient de rendre à Olivier, et il demeure le dernier de vingt mille hommes.

Il se prépare à la mort. Quelle scène ! Le preux essaye
d'abord de rompre son épée, afin qu'elle ne tombe pas aux
mains d'un indigne ennemi. Il fait voler en éclats les rocs
les plus durs; il abat des quartiers de granit : Durandal
n'est pas même émoussée ! Son maître alors, comme si elle
pouvait l'entendre et s'associer à sa douleur, lui adresse les
adieux les plus tendres et les plus touchants : il lui rappelle
les hauts faits qu'ils ont accomplis ensemble au service de
Charlemagne; il lui parle avec respect, car Durandal ren-
ferme dans sa poignée les plus précieuses reliques dont il
fait l'énumération. Il supplie le ciel de ne pas laisser honnir
la France en Durandal :

Pour cette espee ai douleur et pesance !

dit-il à Dieu; après quoi il se couche au sommet des Pyrénées, sous un pin, couvrant de son corps cette chère
épée, et son olifant placé devant lui. Il agonise entre les deux
instruments de sa gloire. Surtout il a bien soin de se tour-
ner le visage vers l'Espagne, afin que son oncle, au retour,
puisse dire qu'il est mort conquérant!

En attendant l'heure suprême, Roland repasse dans sa
mémoire les souvenirs de sa jeunesse et de la patrie :

> De plusieurs choses a remembrer lui prit :
> De douce France, des hommes de son lign [1],
> De Carlemaigne son seigneur qui l'nourrit.... etc.

On a tant admiré dans Virgile le *dulces moriens reminis-
citur Argos,* c'est ici le même mouvement, le même élan
de cœur; l'admirera-t-on moins pour venir d'un poëte français?

Après avoir songé aux autres, il ne se met pas soi-même
en oubli, dit ingénument le bon Theroulde : il bat sa
coulpe, fait sa prière, et la termine en tendant au ciel le
gant de sa main droite en signe d'hommage et de réconci-
liation. Dieu envoie saint Gabriel prendre le gant; Roland,
les mains jointes, pose sa tête sur son bras, son âme s'en-
vole de son corps : l'ange Gabriel, assisté de saint Michel
et d'un chérubin, emporte cette âme en paradis, où elle
est avec Dieu.

Si ce n'est point là de la grandeur épique, où faut-il la
chercher? Si, pour les sentiments, les images, pour l'expression même, toute cette partie du troisième chant n'est pas

---

[1] Lignage.

sublime, je renonce à jamais comprendre ce qu'on entend par ce mot.

On a vu par cette faible analyse comment le poëte emploie le merveilleux chrétien sur lequel on a tant disserté à vide, et dont Voltaire a fait un si piètre usage. Mais Theroulde était de bonne foi, c'est ce qui le rend éloquent. On en verra un autre exemple au chant suivant, lorsque Charlemagne arrive avec toute son armée sur le champ de bataille jonché de morts. La désolation de cette scène, éclairée par la pleine lune, est encore un des tableaux les plus saisissants du poëme. Charlemagne, au désespoir, appelle par leurs noms tous ses preux : « Mon beau neveu, où êtes-vous? où est l'archevêque Turpin? où est Gérard de Roussillon? le comte Olivier, le duc Sanche, Béranger, Othon, mes douze pairs, où sont-ils tous? » Morne silence!... L'armée, épuisée de douleur et de la fatigue d'une marche forcée, se jette contre terre, et, pour peindre l'épuisement général, le poëte emploie un trait d'une naïveté homérique : pas un cheval, dit-il, ne se peut tenir debout : celui qui veut de l'herbe, il la prend en gisant.

Ce cheval mérite une place à côté du chien d'Eumée.

Charlemagne étendu sur le pré, son épée à côté de lui, ne pouvait fermer les yeux, de l'excès de sa douleur; mais Dieu envoie un ange qui veille toute la nuit au chevet de l'empereur, en même temps que deux visions symboliques lui annonçaient son triomphe prochain et le châtiment de Ganelon.

Vous observerez que dans tout cela Ganelon n'a plus même été nommé. Il ne paraît que dans l'exposition, pour former le nœud, et au dénouement, pour satisfaire à la jus-

tice et à la morale. Il eût été impossible de le montrer
dans l'action sans le rendre par trop odieux. Le poëte, sans
s'en douter, reproduit l'artifice de Timanthe : il a jeté sur son
personnage un voile qui ne se relèvera que pour mettre le
coupable devant ses juges et le bourreau. C'est ce que Boi-
leau appelle un art judicieux.

Après la lecture de cette narration merveilleuse, une
question se présente naturellement : quelle part de ce récit
revient à l'histoire, quelle part à l'imagination ? La part de
l'histoire, de l'histoire authentique, sinon complète, sera
bientôt déterminée. Sur cette affaire de Roncevaux, si célèbre, si retentissante, nous ne possédons qu'un seul témoignage contemporain, celui d'Éginard : mais il est aussi fort
important. C'est pourquoi l'on me permettra de transcrire
ici les deux passages de cet historien, relatifs à cette mémorable journée :

« Charles marche contre l'Espagne avec toutes les forces
qu'il peut rassembler, franchit les gorges des Pyrénées, reçoit
la soumission de toutes les villes et de tous les châteaux
devant lesquels il se présente, et ramène son armée sans
avoir éprouvé aucune perte, sinon qu'au sommet des Pyrénées il eut un peu à souffrir de la perfidie des Gascons. Car
tandis que l'armée française engagée dans un étroit défilé
était obligée, par la nature du terrain, de marcher sur une
ligne longue et resserrée, les Gascons, qui s'étaient embusqués sur la crête de la montagne (à quoi se prête admirablement l'épaisseur et l'étendue de la forêt), descendent
et se précipitent soudain sur la queue des bagages et sur
l'arrière-garde chargée de couvrir tout ce qui allait devant,

et les culbutent au fond de la vallée. Là s'engagea un combat opiniâtre, où, jusqu'au dernier Français, tout périt!

« Les Gascons ayant pillé les bagages, profitèrent de la nuit qui était survenue pour se disperser rapidement. Ils durent, en cette rencontre, tout leur succès à la légèreté de leurs armes et à la disposition des lieux. Les Français au contraire pesamment armés, et placés dans une situation défavorable, luttèrent avec trop de désavantage. Dans ce combat périssent Éggihard, maître d'hôtel du roi, Anselme, comte du palais, et Roland, préfet des marches de Bretagne.

« Il n'y eut pas moyen de se venger pour le moment, car après ce coup de main, l'ennemi se dispersa si bien, qu'on ne put même se renseigner sur les lieux où il aurait fallu le chercher. »

(*Vie de Charlemagne*, chap. IX.)

Le second passage se trouve dans les *Annales*, à la date de l'an 778.

« Cette année, le roi persuadé par le sarrazin Ibn-al-Arabi, rassembla ses troupes et se mit en marche. Il franchit dans le pays ·des Gascons la cime des Pyrénées, attaqua d'abord Pampelune, dans la Navarre, et reçut la soumission de cette ville. Ensuite il passa l'Èbre à gué, s'approcha de Sarragosse, la principale ville de cette contrée, et, après avoir accepté les otages d'Ibn-el-Arabi, Abithener, et autres chefs Sarrasins, il revint à Pampelune, résolu de se retirer dans ses états, et s'engagea dans les gorges des Pyrénées. Les Gascons qui s'étaient embusqués sur le point le plus

élevé de la montagne, attaquèrent l'arrière-garde, et jetèrent la plus grande confusion dans toute l'armée. Les Français, tout en ayant sur les Gascons la supériorité des armes
et du courage, furent défaits à cause du désavantage des
lieux, et du genre de combat qu'ils furent obligés de soutenir. La plupart des officiers du palais, à qui le roi avait
donné le commandement de ses troupes, périrent dans cette
action ; les bagages furent pillés, et l'ennemi, favorisé par
la connaissance des lieux, se dispersa et disparut. Ce revers effaça presque entièrement (*magnam partem obnubilavit*)
dans le cœur du roi la joie des succès qu'il avait obtenus
en Espagne. »

Les termes de ce récit examinés et pesés attentivement,
ne paraissent pas bien d'accord entre eux. Il semble qu'Éginard évite les détails, et qu'il veuille atténuer par l'expression une affaire où la gloire de Charlemagne souffrit quelque échec ; mais sa pensée se fait jour malgré lui. Ainsi
Charlemagne, dit-il, souffrit *un peu* de la perfidie des Gascons, « perfidiam parumper contigit experiri ; » et plus bas
il avoue que tous les Français y périrent *jusqu'au dernier :*
« Wascones... omnes usque ad unum interficiunt. » Enfin,
quoi qu'il fasse pour sauver l'honneur des troupes françaises,
il est contraint d'avouer que la honte de cette déroute effaça
dans le cœur du roi presque toute la joie de ses triomphes
en Espagne, « magnam partem obnubilavit. » L'affaire a
donc été plus grave qu'Éginard ne voudrait le faire croire ?
Je ne veux pas torturer le texte pour lui arracher le secret
de son auteur : il me suffit de constater la réticence. Le désastre de Roncevaux devait être bien considérable et bien

célèbre, puisque l'astronome biographe de Louis le Débon-
naire en le mentionnant ajoute : « Je n'ai pas besoin de
mettre ici les noms des martyrs, tout le monde les connaît
de reste. »

Mais il faut remarquer une particularité curieuse, c'est
qu'à quarante-six ans d'intervalle le même fait s'est exactement reproduit. Les défilés de Roncevaux témoins de la
défaite de Charlemagne, en 778[1], virent, en 824, la déroute aussi complète de son fils Louis. C'est encore Éginard
qui l'atteste : « Les comtes Eble et Asinaire retournant de
Pampelune avec leurs troupes, les montagnards perfides
s'embusquèrent dans la montagne : les deux généraux furent
cernés, pris, et leurs soldats exterminés *(copiæ usque ad
internecionem deletæ).* » (Ap. D. Bouq. VI, 185 c.)

Et l'Astronome : « En cette année les comtes Eble et Asinaire, avec de nombreuses troupes, furent envoyés jusqu'à
Pampelune. Il fallait traverser les Pyrénées : au retour, ils
expérimentèrent les dangers trop connus de ces solitudes,
et la traîtrise naturelle des paysans : ils se virent cernés, et
après avoir perdu toutes leurs troupes, ils demeurèrent au
pouvoir de leurs ennemis. » (Ap. D. Bouq. VII, 106.)

Il y avait eu donc deux batailles de Roncevaux comme
deux guerres de Troie, et sans doute les souvenirs de l'une
et de l'autre furent confondus dans une seule légende qui
fut consacrée pour l'Asie par Homère, pour la France par
Theroulde.

Comment démêler et classer les éléments historiques em-
portés pêle-mêle dans le courant de l'imagination des peuples

---

[1] Le 3 mai, selon le Martyrologe Gallican ; le 15 juin, selon le faux Turpin.

et des poëtes? C'est impossible : il faut se borner à signaler quelques points que le hasard nous permet encore de distinguer à travers la brume de tant de siècles accumulés.

D'où vient, par exemple, qu'aux Gascons accusés par l'histoire, la légende substitue les Sarrasins? Je crois en saisir la raison dans cet autre passage d'Éginard : « Cette année-là (806), les habitants, non-seulement de Pampelune, mais de toute la Navarre, *qui s'étaient donnés aux Mores quelques années auparavant,* se remirent d'eux-mêmes sous l'obéissance de l'empereur (*in fidem recepti sunt*). »

Par conséquent, les Gascons qui attaquèrent Charlemagne, en 778, pouvaient bien être appelés des Sarrasins, et la légende qui adoptait cette dénomination accordait la rigueur de la vérité historique avec les ménagements dus à des frères réconciliés. C'est une délicatesse peut-être un peu subtile, mais enfin ce n'est point un mensonge.

La poésie d'ailleurs gagnait à cette substitution, qui satisfaisait en même temps l'antique inimitié des chrétiens contre les païens de l'Orient.

L'existence de Roland ne peut être révoquée en doute, le témoignage d'Éginard est formel : « Roland, préfet des Marches de Bretagne. » Mais toute son histoire se réduit à ce peu de mots; ce n'est pas que les poëtes nous aient laissé manquer de détails, mais l'inexactitude en est manifeste. Les poëtes sont unanimes à présenter Roland comme le neveu de Charlemagne; s'il était vrai, peut-on croire qu'Éginard eût omis cette circonstance? Roland, disent-ils, était fils de Berthe, sœur de l'empereur : Charles n'eut jamais qu'une sœur, laquelle ne s'appelait pas Berthe, mais Gisèle, et fut

2.

toute sa vie religieuse à Chelles, dont elle mourut abbesse, en 810[1].

Enfin la chronologie vient à son tour apporter contre cette prétendue parenté un argument irrécusable.

Partout Charlemagne est représenté comme un vieillard, et Roland comme un jeune homme. Theroulde met ce vers dans la bouche de l'empereur pleurant sur le cadavre de son neveu[2] :

> Ami Rollans, prozdoem, juvente bele!
>
> (IV, 521.)

L'épitaphe de Roland, composée en deux distiques latins par Charlemagne, à ce qu'on prétend, fait mourir Roland à l'âge de quarante-deux ans :

> Tu patriam repetis, tristi nos orbe relinquis;
> Te tenet aula nitens, nos lacrymosa dies.
> Sed qui *lustra tenes octo et binos super annos*
> Ereptus terris justus ad astra redis[3].

Le désastre de Roncevaux étant de l'année 778, cette date reporte la naissance de Roland à l'an 736. Or Charlemagne, qui mourut, en janvier 814, âgé de 72 ans, était né en avril 742 ; par conséquent l'oncle eût été plus jeune que son neveu : Roland aurait eu six ans de plus que Charlemagne[4].

---

[1] EGINARD, *Hist. Kar.* cap. XVIII.

[2] Je ferai remarquer en passant que cette qualification d'empereur dont se servent tous les poëtes est un anachronisme, puisque Charles ne fut sacré empereur qu'en 800, c'est-à-dire vingt-deux ans après la bataille de Roncevaux.

[3] Ces vers paraissent avoir été faits par Charlemagne sur la mort de son fils premier-né; le troisième aurait été altéré par le faux Turpin pour les accommoder à Roland.

[4] Charles n'avait à Roncevaux que trente-six ans. Mais les poëtes n'apercevant

Au surplus ces qualifications d'oncle, neveu, cousin, ont été de temps immémorial employées comme simple témoignage d'affection. L'étiquette même des cours en avait consacré l'usage. La légende a pris dans le sens rigoureux et littéral ce qui n'était qu'une forme convenue.

Le passage n'est pas moins facile de l'idée de bravoure et d'exploits multipliés à l'idée d'une force et d'une taille extraordinaires. Ce qui était arrivé pour l'Hercule antique s'est renouvelé pour Roland : la tradition en fit un géant. A Spello, petite ville de l'État romain, l'on voit sur le mur d'une ancienne porte de rempart un énorme phallus de pierre, et au-dessus ce distique :

> Orlandi hic Caroli magni metire nepotis
> Ingentes artus; cætera facta docent.

> « Sur cet échantillon mesure, voyageur,
> La taille de Roland, neveu de Charlemagne;
> Ses exploits en tous lieux et sa mort en Espagne
> Te diront assez sa valeur [1]. »

Dans plusieurs villes d'Allemagne, au XVIIe siècle, on voyait encore sur la place principale un colosse de pierre tenant

---

plus cette figure qu'à travers le prestige de la légende, en font un vieillard à barbe et chevelure blanche. Cette préoccupation, du reste, est assez naturelle : nous avons vu de nos jours des biographes de Molière peindre à côté de lui le Louis XIV de madame de Maintenon; ils oublient qu'à la mort de Molière Louis XIV avait trente-quatre ans.

[1] A Nepi, aussi dans les États de l'Église, on voit encastrée dans le mur de la cathédrale, près la porte latérale, cette inscription en latin : « L'an du Seigneur 1131..... les soldats et consuls de Nepi se sont liés par serment : si l'un d'entre nous veut rompre notre association, qu'il soit avec ses adhérents expulsé de tout honneur et dignité; qu'il partage le sort de Judas, Caïphe et Pilate; qu'il meure de la mort infâme de Ganelon, et que sa mémoire même soit anéantie. » (LEBAS, Rec. d'inscript. 5e cahier, p. 191.)

un glaive. Le peuple nommait ces statues *des Rolands*. Quelques érudits ont longuement disserté pour rechercher l'origine de cette appellation et en démontrer la justesse ou la
fausseté. En deux mots, c'étaient d'antiques emblèmes de
franchises communales, constatant un droit de marché, le
droit de haute et basse justice, etc.

Le peuple, sans égard à la pensée de l'institution, nomma
ces figures des Rolands, parce qu'elles étaient gigantesques.
« En effet, nous autres Allemands, dit Gryphiander, quand
« nous voyons un homme de taille ample et haute, un co-
« losse quelconque, nous disons : c'est un Roland [1]. »

Cette tradition au surplus paraît assez moderne relativement; elle doit être postérieure au xiiie siècle, car non-seulement dans Theroulde, mais même dans les rajeunisseurs
on n'en rencontre aucune trace. Roland gardant les proportions ordinaires de l'humanité n'en est que plus admirable;
en plus d'un endroit d'Homère, l'aide surnaturelle des dieux
diminue la grandeur d'Achille.

L'opinion que Roland avait été d'une taille surhumaine
était encore en vigueur du temps de François Ier; car ce prince,
à son retour d'Espagne, passant par Blaye, où était le tombeau de Roland, voulut vérifier la tradition. Je crois que le
lecteur ne sera pas fâché d'entendre cette anecdote de la
bouche même d'un témoin oculaire.

« Les chroniques françaises nous content que Charlemagne et ses douze pairs étaient des géants. Afin d'en savoir
la vérité, et d'ailleurs grand amateur de ces antiquailles, le

---

[1] Ita enim Germani vastum et procerum hominem conspicientes, etiam
quemlibet colossum magnum Rolandum dicimus. (*De Rolandis seu Weich-
bildis.*)

roi François Ier, lorsqu'il passa par Blaye, à son retour de
sa captivité d'Espagne, descendit dans le souterrain où Roland, Olivier et S. Romain sont ensevelis dans des sépulcres
de marbre, de dimensions ordinaires. Le roi fit rompre
un morceau du marbre qui recouvrait Roland, et tout de
suite, après avoir plongé un regard dans l'intérieur, il fit
raccommoder le marbre avec de la chaux et du ciment, sans
un mot de démenti contre l'opinion reçue. Apparemment il
ne voulait point paraître avoir perdu ses peines.

« Quelques jours après, le prince palatin Frédéric, qui allait
rejoindre Charles-Quint en Espagne, ayant, en passant, salué
François Ier, à Cognac, vint à son tour loger à Blaye, et
voulut voir aussi ces tombeaux. J'y étais, avec l'illustre mé-
decin du prince, le docteur Lange; et comme nous étions
l'un et l'autre à la piste de toutes les curiosités, nous ques-
tionnâmes le religieux qui avait tout montré au prince : si
les os de Roland étaient encore entiers dans le sépulcre, et
s'ils étaient aussi grands qu'on le disait. Assurément, la renommée n'avait point menti d'une syllabe, et il ne fallait
pas s'arrêter aux dimensions du sépulcre : c'est que depuis
que ces reliques avaient été apportées du champ de bataille
de Roncevaux, les muscles avaient eu temps de se consumer,
et le squelette ne tenait plus; mais les os avaient été déposés
liés en fagot, à telles enseignes qu'il avait fallu creuser le
marbre pour pouvoir loger les tibias, qui étaient encore
entiers. Nous admirâmes beaucoup la taille de Roland, dont,
supposé que le moine dît vrai, les tibias calculés sur la longueur du marbre, avaient trois pieds de long pour le moins.

« Pendant que nous raisonnions là-dessus, le prince em-
mena le moine d'un autre côté, et nous restâmes tout seuls.

Le mortier n'était pas encore repris : si nous ôtions le morceau de marbre? Aussitôt nous voilà à l'ouvrage; la pierre céda sans difficulté, et tout l'intérieur du tombeau nous fut découvert..... Il n'y avait absolument rien qu'un tas d'osselets à peu près gros deux fois comme le poing, lequel étant remué nous offrit à peine un os de la longueur de mon doigt!

« Nous rajustâmes le fragment du marbre, en riant de bon cœur de la duperie de ce moine ou de son impudence à mentir[1]. »

Parmi les personnages de l'épopée carlovingienne, Roland est demeuré le type populaire de la valeur, et Ganelon celui de la trahison personnifiée. Les traîtres étaient appelés au moyen âge *race de Ganelon*, comme on a dit plus tard les hoirs de défunt Patelin, la famille du bon monsieur Tartufe, les disciples d'Escobar, etc. Il serait curieux de savoir quel est l'original de cette figure depuis si longtemps passée à l'état mythologique.

Si l'on se reporte aux textes historiques, il est hors de doute que le traître envers Charlemagne dans cette affaire de Roncevaux ce fut le duc de Gascogne, Lope, « un vrai *loup* de fait comme de nom, » dit une charte de Charles le Chauve, datée des calendes de février 845. Le petit-fils de Charlemagne faisant mention de ce désastre de son aïeul, ajoute un détail qu'Éginard nous laissait ignorer, à savoir que « Lope, fait prisonnier, finit misérablement ses jours au bout d'une corde. » La trahison ne resta donc pas complétement impunie. Au lieu de cette potence qui apparemment ne satisfaisait pas encore l'indignation populaire, la légende fait périr Ganelon écartelé.

[1] Hubertus Thomas Leodius, *De vita Friderici II, palatini,* lib. I, p. 5.

Mais pourquoi ce nom de *Ganelon* substitué à celui du vrai coupable? Qui était Ganelon?

Ce nom de *Ganelon*, *Ganilon*, *Wenilon* ou *Wenelon*[1], appartient à un archevêque de Sens, coupable envers Charles le Chauve, son bienfaiteur, de l'ingratitude la plus noire et la plus cynique.

D'abord simple clerc de la chapelle royale, Ganelon, par la faveur de son maître, est élevé à l'épiscopat. Ce fut même lui qui, le siége étant vacant, sacra Charles le Chauve dans la cathédrale de Reims. Nous voyons Ganelon tout-puissant dans les conseils du roi, comblé de richesses et d'honneurs. En 853, Charles le Chauve nomme trois *missi dominici* pour le pays de Sens : Odon, Donat et Ganelon; la même année, Ganelon assiste au concile de Verberie; en 845, il avait fait nommer Hincmar à Reims. Tout à coup, en 859, Ganelon se sépare de Charles le Chauve, et embrasse ouvertement le parti de Louis le Germanique. Un concile est assemblé à Savonnières, près de Toul, auquel l'empereur adresse une dénonciation contre l'évêque de Sens. Il joint à sa lettre un acte officiel où ses griefs sont formulés en seize articles :

1. «Ganelon me servait comme clerc de ma chapelle : il m'avait juré fidélité; je l'ai fait archevêque de Sens.

2. «Lors du partage du royaume (842), Ganelon a signé le contrat entre mes frères et moi.

3. «Ganelon m'a sacré dans la cathédrale de Reims.

4. «Lorsque la sédition commença de lever la tête dans mon royaume, je fis une proclamation; Ganelon la signa.

---

[1] Le même que *Fénelon*. Les notations *w* et *gu* sont équivalentes; de même l'*e* et l'*i* se mettaient l'un pour l'autre : *Pampilo* et *Pampelo* (Pampelune).

5. « Quand j'ai marché contre les païens retranchés dans l'île d'Oissel, Ganelon, sous prétexte de ses infirmités, est resté chez lui. Mon frère Louis, profitant de mon absence, fit irruption dans mon royaume ; seul de tous mes évêques, Ganelon eut avec lui des conférences que je n'avais point autorisées et dont le but était de me renverser.

6. « Quand j'ai marché contre mondit frère et les ennemis tant de l'église que du royaume, Ganelon m'a refusé l'assistance qu'il me devait, et cela malgré mes prières instantes.

« Lorsque mondit frère m'eut pris mon neveu, mes sujets, eut opprimé mon royaume, Ganelon passa de son côté pour faire à lui tout le bien, à moi tout le mal en son pouvoir ; dans mon palais d'Attigny, dans la paroisse et la province d'un autre archevêque resté fidèle à mes intérêts, Ganelon célébra la messe aux séditieux excommuniés. Il assistait au conseil où, par artifice et mensonges, l'on détacha de moi mon neveu Lothaire.

8. « Ganelon prit part à tous les conseils, soit publics, soit privés, où mon frère cherchait les moyens de me ravir ma part du royaume dont lui-même, Ganelon, m'avait sacré roi. »

Les autres articles parlent des récompenses dont Louis le Germanique avait payé la trahison de Ganelon. Ainsi, Ganelon avait obtenu l'évêché de Bayeux pour un sien parent, nommé Tortolde, si mauvais sujet que le concile fut obligé de le chasser de son siége.

Nous avons la lettre par laquelle le concile de Savonnières transmet à Ganelon les plaintes de l'empereur, et l'invite à venir se justifier : autrement il subira les conséquences de son refus.

Ici l'affaire s'arrête, les pièces manquent, et nous n'apprenons le dénouement que par ces quatre lignes de l'annaliste de S. Bertin : «859. L'évêque de Sens, Ganelon, sans avoir comparu devant les évêques du synode, se réconcilie avec le roi Charles[1].»

Ainsi, la même année vit naître et se terminer la querelle. Comment se fit ce raccommodement, c'est ce qu'il nous est impossible de savoir. La chronique de S. Pierre-le-Vif dit de Ganelon qu'il était de naissance très-noble et d'esprit très-fin : «Wenilo nobilitate præcipuus, ingenio acutus.» Il existe dans notre histoire contemporaine tel personnage qui aiderait beaucoup à faire comprendre le caractère et la conduite de Ganelon. L'archevêque de Sens mourut en mai 865, et fut enterré dans un des monastères qu'il avait fondés. Il devait être assez avancé en âge, ayant vécu sous Louis le Debonnaire[2]. Ce fut un personnage des plus considérables de son temps; plusieurs lettres de la correspondance de Loup de Ferrières lui sont adressées, dans lesquelles il est toujours nommé *Guenilon* ou *Ganilon*.

Tel est l'homme qu'une tradition vague, venue jusqu'à nous, désigne comme l'original du Ganelon des légendes carlovingiennes, et l'examen des faits ne fournit rien qui ne vienne à l'appui. Le prince trahi par Ganelon, soit clémence ou faiblesse, lui pardonna; mais le peuple fit justice de l'évêque de Sens, en attachant aux souvenirs les plus dou-

---

[1] Guanilo, episcopus Senonum, absque audientia episcoporum, Karlo regi reconciliatur. (Ap. D. Bouq. VII, 75.)

[2] Tunc domnus rex interrogando adjuravit Wenilonem Senonensem, et Helmeradam Ambianensem, et Herpinum Silvanectensem episcopum, *qui temporibus piissimi Hludovici fuerant. (Chron. S. Petri vivi. Ap. D. B. VII, 265.)*

loureux pour la France son nom désormais synonyme de traître envers son prince et envers son pays.

Cette identité est un point très-important, car elle servirait à démontrer que la légende de Roncevaux s'est formée, au plus tôt, vers la fin du ix⁰ siècle ou au commencement du x⁰.

Chacun des acteurs de l'épopée carlovingienne, Turpin, Ogier, Olivier, le duc Nayme, Baligant, Marsille, donnerait matière à des recherches pareilles. Il serait intéressant au plus haut degré de découvrir les personnages réels cachés sous ces figures épiques. Je ne dis pas qu'un jour je ne l'essaye : pour aujourd'hui, cette entreprise nous mènerait trop loin, et je dois me borner à ce que j'en ai dit.

CHAPITRE II.

De la chronique de Turpin. — Qui en est l'auteur?

La catastrophe de Roncevaux retentit dans le monde du moyen âge, avec autant ou même plus d'éclat que dans l'ancien monde la défaite des Thermopyles. Le nom et la gloire de Roland furent célèbres dans des contrées où n'avaient jamais pénétré le nom et la gloire de Léonidas. Léonidas ne garda pas même l'avantage que semblait lui assurer sa patrie, d'être immortalisé dans l'idiome du chantre d'Achille, car l'infortune de Roland est aussi conservée dans la chronique d'un historien grec, né dans Athènes. Il est

vrai que c'est un Athénien du xvᵉ siècle[1]. N'importe : déjà
auparavant un poëte de la même nation avait mis en vers
grecs l'histoire de Tristan de Léonais[2]. Cette vieille langue
d'Homère s'est trouvée si merveilleusement douée et pré-
destinée, que tous les sujets épiques lui semblaient dévolus
de droit. Sortant du berceau, elle avait créé l'épopée antique ; dans les dernières heures de son agonie, elle eut encore des accents pour l'épopée moderne ; à deux mille ans
d'intervalle, elle inaugura l'une, et laissa son empreinte sur
l'autre, après quoi elle céda la place à l'idiome qui devait
devenir la langue de Corneille et de Molière.

Tous les pays ont à l'envi consacré la gloire et le malheur de Roland. Le nom de Roland est gravé sur les
rocs de marbre, au sommet des Pyrénées, et sur le granit
des bords du Rhin : ici, c'est la brèche de Roland ; là, c'est
le coin de Roland ; vous trouverez au fond de l'Angleterre le
marais de Roland. L'Italie vous offre à chaque pas les souvenirs de Roland et d'Olivier[3] ; l'Espagne, importunée de
cette renommée, dans sa jalousie a été obligée d'inventer son
fabuleux Bernard de Carpio, pour l'opposer au paladin
français. Allez en Suède, en Danemarck, en Hongrie, con-
sultez les chroniques de ces pays reculés, toutes vous par-

---

[1] Λαονικοῦ Χαλκοκονδούλου Ἀθηναίου ἀπόδειξις ἱσορίων δέκα. Parisiis, etc.
1650, p. 45.

[2] A la suite du *Tristan* publié par M. F. Michel, on trouve ce poëme grec
sur Tristan, en vers politiques.

[3] On conserve à Florence une inscription gravée sur le plomb et le marbre
attestant que l'église *di S. Apostolo* a été consacrée par Turpin, en présence
de Roland et d'Olivier. A Vérone, on voit sculptées sur la porte de la cathédrale les figures d'Ogier et de Roland, ouvrage du ixᵉ siècle, dit S. d'Agin-
court. Enfin de *Gane* il reste *ingannare*, comme de *Patelin, pateliner.*

lent de Roland, de Charlemagne et de Roncevaux : cette histoire est aussi répandue que le christianisme ; elle a comme lui ému le cœur de toutes les nations.

Un des ouvrages qui ont contribué le plus à ce vaste résultat, est sans contredit la chronique de Turpin, document apocryphe et mystérieux, dont l'auteur s'est dérobé jusqu'ici à toutes les recherches de l'érudition. La critique moderne, au premier coup d'œil, a reconnu que cette chronique ne pouvait pas être du véritable Turpin, archevêque de Reims, mort en 800. Trop d'anachronismes et trop grossiers déposaient contre cette fourberie ; ces anachronismes mêmes pouvaient révéler la date, au moins approximative, de la composition, mais le faussaire échappait toujours. On en était réduit aux conjectures. Je réunis ici quelques observations qui n'avaient jamais été faites, que je sache, et qui me paraissent résoudre enfin ce problème d'histoire littéraire.

Il n'est pas besoin d'un examen très-approfondi pour reconnaître que l'auteur de la chronique était Français : son style est à chaque page semé de gallicismes évidents, par exemple, *celui qui* est continuellement rendu par *ille qui :*

Charles pria Dieu de lui faire connaître ceux qui devaient mourir : « ut ostenderet ei *illos qui* morituri erant. »

Ils firent deux bataillons : un de vingt mille, et un de trente mille hommes ; *celui qui* était de vingt mille.... « *illa* vero (turma) *quæ* erat viginti... »

Saint Denis apparaît la nuit à Charlemagne, et lui annonce qu'il a obtenu de Dieu l'absolution pour ceux qui donnent de l'argent à l'Église : « *illis qui* dant nummos ecclesiæ. » p. 85. (éd. Ciampi.)

Courir après quelqu'un, *currere post aliquem*, ne peut être qu'un gallicisme : « Juravit rex quod *post paganos currere* non cessaret. » p. 78.

Chercher si, *quærere si* : « cœpit *inquirere* Carolus *si* verum esset an non... » p. 78.

Croire en Dieu, *credere Deum*, parce que la locution alors en usage était *croire Dieu*. Maudire quelqu'un, *maledicere aliquem* : « hæ sunt urbes *quas ille maledixit.* » p. 9.

L'auteur anonyme donne plusieurs étymologies qui trahissent encore plus clairement sa nationalité. Voici son explication du nom de *Durandal*, l'épée de Roland : « *Durenda* interpretantur *durum ictum dans cum ea.* » On voit qu'il avait en la pensée *dur en da*, dur en donne. Il n'y avait qu'un Français à qui cette espèce de calembour pût venir à l'esprit.

L'étymologie même du nom des *Français* est une nouvelle preuve : « on les appelle *Francs*, c'est-à-dire quittes de toute servitude. » Un étranger n'eût point trouvé cela, et surtout il n'eût pas ajouté : Le Français est appelé *libre* (Franc), parce que la prééminence et la domination lui appartiennent sur tous les peuples du monde[1].

Le mot oriental *aumacor* des chroniques et des poëmes est latinisé sous cette forme *altumajor* : *altumajor Cordubæ*, l'aumacor ou le roi de Cordoue. Évidemment la première syllabe du mot *aumacor* a été traduite comme s'il s'agissait de l'adjectif français *haut* : *haut-macor, altumajor*.

On trouverait certainement d'autres indices de même na-

---

[1] Quapropter Francus liber dicitur quia super omnes alias gentes dominatio et decus illi debetur. p. 85.

Ce passage avait déjà suggéré à M. Ciampi l'idée que l'auteur était Français.

ture à l'appui de l'opinion que j'émets : ceux-là me paraissent suffire, et je regarde ce point comme acquis, que la chronique de Turpin a été fabriquée en France. A quelle époque?

La plus ancienne mention de cette œuvre pseudonyme se trouve dans une lettre datée des dernières années du xi° siècle. En l'an 1092, Geoffroy, prieur de S. André de Vienne en Dauphiné, écrit aux moines de S. Martial et au clergé de Limoges, en leur envoyant un exemplaire de la chronique [1] :

« Les magnifiques triomphes de l'invincible Charlemagne et les combats rendus en Espagne par l'illustre comte Roland, nous arrivent de l'Hespérie; j'ai reçu ce manuscrit avec une vive reconnaissance, je l'ai rectifié avec un soin extrême et j'en ai fait faire une copie, d'autant que jusqu'ici tous ces détails nous étaient inconnus, hormis ce qu'en disaient les jongleurs dans leurs chansons, etc. »

Qu'entend-il par cette dénomination antique l'*Hespérie?* Est-ce l'Italie ou l'Espagne? quoi qu'il en soit, l'importation du texte de cette Hespérie en France me paraît un mensonge avéré. Et dans quel but? Apparemment pour détourner les soupçons, endormir la confiance et faire perdre la trace de l'origine de ce manuscrit. Mais quel intérêt pouvait suggérer cette manœuvre au prieur de S. André?

Il faut observer que la chronique du faux Turpin est forgée manifestement pour accréditer la dévotion à saint Jacques de Compostelle. L'affaire de Roncevaux et la trahison de Ganelon ne sont là qu'un épisode et un moyen.

[1] Cette lettre est rapportée dans Bayle et dans Oienhart : *Notit. utriusque Vasconiæ.*

Il en est question pour la première fois au chapitre XXII. L'idée fixe du faussaire est tout ecclésiastique : c'est de constituer saint Jacques pour l'Occident, ce qu'était saint Jean pour l'Orient; de faire correspondre l'église de Compostelle à celle d'Éphèse, attendu que Jacques et Jean étaient frères et avaient demandé à Jésus-Christ de siéger l'un à sa droite, l'autre à sa gauche. De là une longue dissertation pour établir qu'il existe trois apôtres : Pierre, Jean et Jacques, fondateurs de trois églises : Rome, Éphèse et Compostelle.

La même idée a été suivie et prêchée obstinément par le pape Calixte II, dont il nous reste quatre sermons en l'honneur de saint Jacques de Compostelle. Dans ces homélies, Calixte élève au-dessus de tout la puissance de saint Jacques et l'efficacité du pèlerinage de Compostelle. Il fit mieux : il consacra solennellement l'autorité de la chronique de Turpin en la plaçant au rang des livres canoniques. Il poussa même la précaution, pour assurer le triomphe de son livre favori, jusqu'à damner ceux qui écouteraient ou répéteraient *les chansons menteuses des jongleurs.* Dès lors la chronique de Turpin restait seule digne de foi, seule connue, seule transmise, et il ne faut plus s'étonner que sa vogue prodigieuse ait rempli le moyen âge, du XIIe siècle au XVIe.

Or, à l'époque où nous voyons la chronique de Turpin apparaître pour la première fois, il se trouve que le siége archiépiscopal de Vienne était occupé par Guy de Bourgogne, frère cadet de Raymond de Bourgogne, à qui sa femme Urraque, fille d'Alphonse VI, avait apporté en dot la comté de Galice, dont la capitale est Compostelle.

Lorsque ce mariage se fit (en 1090), Guy de Bourgogne

était depuis deux ans archevêque de Vienne ; deux ans plus tard paraît la chronique du faux Turpin, et quelques années encore après, Guy de Bourgogne est élevé à la papauté sous le nom de Calixte II.

Ainsi tout concorde pour désigner Guy de Bourgogne comme l'auteur de la chronique mise sous le nom de l'archevêque Turpin. En la fabriquant l'archevêque de Vienne servait à la fois un intérêt clérical et un intérêt de famille; il ouvrait une abondante source de revenus à l'Église et à son frère, à ce Raymond de Bourgogne qui devint la tige de la seconde branche des rois de Castille. Certes, si l'on veut appliquer ici le célèbre axiome *is fecit cui prodest*, la question ne sera pas un seul instant douteuse[1].

Une observation qui n'est pas inutile, c'est que, dans la plupart des nombreux manuscrits où elle est contenue, la chronique de Turpin accompagne le traité des *miracles de saint Jacques*, œuvre authentique du pape Calixte.

Voici donc en résumé, et en tenant compte des dates, comment les choses se seraient passées :

Guy de Bourgogne, cinquième fils de Guillaume le Hardi, comte de Bourgogne, naquit à Quingey, vers l'an 1050. En 1088, il est élu archevêque de Vienne en Dauphiné, c'est-à-dire à l'âge d'environ trente-huit ans.

---

[1] J'ai laissé de côté, comme trop spécial, un argument qui n'est cependant pas sans valeur : ce sont les rapports qui existent entre le style de la chronique et celui des quatre homélies de Calixte II sur saint Jacques. (J'omets le rapport des idées, qui sont de part et d'autre absolument les mêmes.) Par exemple, on remarquera le mot *treba* (trève) commun aux deux ouvrages, et qui est assez rare pour avoir échappé à Ducange et à ses continuateurs. La forme ordinaire *treuga* est dans les titres, ce qui indiquerait qu'ils sont d'une autre main que le texte. (Voy. la note qui suit l'introduction.)

En 1090, son frère aîné Raymond épouse une fille du roi de Castille ; il s'agit de préparer ce fils de la maison de Bourgogne à la haute fortune que semble lui réserver cette alliance. C'est alors que Guy compose, au bénéfice de son frère, son roman, pour lequel il met à contribution toutes les vieilles poésies nationales et les traditions populaires; il y mêle des histoires empruntées à la Bible, des traits d'homélie, des préceptes de morale, etc. : tout cela, coloré d'un vernis religieux, forme un ensemble éminemment propre à frapper l'imagination du peuple.

En 1092, le prieur de S. André se charge de lancer dans le monde l'œuvre de son évêque : il la donne comme un manuscrit venu des pays du couchant, de l'Hespérie. Cela, de nos jours, eût paru un peu vague; mais alors on n'y regardait pas de si près. Et puis comment soupçonner l'authenticité d'un livre venu de si bonne source ? La chronique de Turpin fit donc son chemin rapidement; Compostelle devient un des points les plus importants du monde chrétien : les pèlerins y affluent autant qu'à Rome, ou même davantage, au grand profit du comte de Galice. Pour comble de bonheur, Guy de Bourgogne devient pape (1119); il ne doute pas que son infaillibilité, par un effet rétroactif, ne s'étende à ses œuvres passées, et il met hardiment sa compilation romanesque au rang des livres canoniques (1122). Il meurt enfin deux ans après, avec la satisfaction d'avoir joui pleinement du succès de sa fraude pieuse, et la léguant à la postérité scellée de l'anneau de saint Pierre.

Aussi, à partir du XIIe siècle, tous les écrivains qui ont parlé de l'affaire de Roncevaux s'appuient-ils sur la chronique de Turpin. Aucun d'eux ne s'est jamais avisé d'en

3.

contester l'autorité ou l'authenticité; d'affirmer, par exemple,
que Turpin avait péri avec les douze pairs dans le désastre de
Roncevaux, et qu'ainsi il n'avait pu rédiger la chronique
publiée sous son nom. Une telle assertion eût été accueillie
comme une véritable hérésie, un sacrilége. Donner un démenti à un pape!.... Qui pouvait y songer? personne.

Cependant ce démenti eût été conforme à la tradition
primitive, dont il existait des monuments écrits non-seulement en français, mais dans des traductions ou imitations
en langues étrangères. Mais comment ces témoignages eussent-ils prévalu contre le témoignage du souverain pontife,
qui d'ailleurs avait commencé par les frapper d'anathème?
Guy de Bourgogne absorba dans sa fausse chronique toutes
les traditions qui l'avaient précédé, et après les avoir modifiées à sa guise, il ruina d'un coup de son pouvoir l'écha-
faudage qui lui avait servi à construire son édifice.

L'antiquité même de ces vénérables monuments devint
contre eux une cause d'abandon et de mépris, et l'on verra
par la suite de ce discours que, sous le règne de saint Louis,
le progrès du langage ne permettait plus de comprendre
couramment le poëme de Theroulde. Ainsi allait s'épaissis-
sant le voile qui couvrait la tradition originale, immobile
dans son vieux texte, tandis que la menteuse chronique
compilée en latin par Guy de Bourgogne se rajeunissait incessamment dans des traductions en langue vulgaire.

Maintenant, l'excommunication lancée par Calixte II
contre tous les récits antérieurs à la chronique de Turpin
aura-t-elle eu pour effet inévitable de les anéantir, en sorte
que pas un seul exemplaire n'ait pu échapper? cela ne peut
se soutenir *à priori*. Et si par hasard un de ces textes était

venu jusqu'à nous, ne serait-ce pas le premier indice de son
antiquité non-seulement d'y voir invoquées d'autres auto-
rités que la fameuse chronique de Turpin, sans aucune
mention de celle-ci, mais encore d'y trouver cette chronique
essentiellement contredite, arguée de faux d'un bout à l'autre
par une relation des faits qui la convainc d'imposture? Or,
tel est précisément le poëme de Theroulde, où Turpin
meurt à côté de Roland et d'Olivier, victime de la félonie de
Ganelon. Si Turpin a été enveloppé dans le désastre de l'arrière-garde de Charlemagne, où, quand, comment a-t-il pu
écrire la chronique mise sous son nom? Calixte II avait
bien ses raisons pour défendre, sous peine de péché mor-
tel, de prêter l'oreille aux chants des jongleurs.

Dire que Theroulde serait venu après la chronique produire un récit contradictoire à la version accréditée par le
chef de la chrétienté, sans que cette hérésie eût été remar-
quée par aucun des nombreux écrivains qui nous restent de
ce temps-là, cela n'est pas défendable une minute.

D'ailleurs, combien d'autres indices viennent fortifier ce
commencement de preuve et donner à la conjecture tous
les caractères de la certitude!

Il en est un dont, à la simple inspection des textes, il est
impossible de ne pas être frappé : c'est la parfaite conformité de langage et d'orthographe entre le *Roland* et la version des quatre livres des *Rois*, jusqu'ici le plus ancien monument connu de la langue française [1].

[1] Je me bornerai à en signaler les points principaux. Dans l'un et l'autre
texte se retrouvent ces formes primitives et non syncopées : *ymagenes* (ima-
gines), *ydeles* (idola), etc.
Ces terminaisons mouillées en *ie*, reproduction fidèle des terminaisons latines en *ia, ium : glorie, memorie, filie, milie, martyrie*, etc.; la syncope de l'*e*

CHAPITRE III.

Recherche des commencements de la langue française pour en inférer
l'âge du *Roland*.

La traduction des *Rois* paraît avoir été faite en exécution
d'un canon du concile de Tours (813) qui précéda d'un
an la mort de Charlemagne, et qui prescrivait de mettre les
Écritures en langue vulgaire. Les Bénédictins auteurs de
l'Histoire littéraire de France, placent la version des *Rois*
« au onzième *et peut-être au dixième siècle :* » le manuscrit
conservé jusqu'à nous est contemporain de la traduction.
Un passage auquel les Bénédictins ne paraissent pas avoir
pris garde permet de fixer plus précisément la date de ce
travail.

D'abord, si cette version des *Rois* est, comme tout l'annonce, la première qui ait été entreprise en langue vulgaire, il n'est guère probable qu'un intervalle de plus d'un
siècle se soit écoulé entre le concile de Tours, en 813, et
le travail provoqué par le dix-septième canon de ce concile.

Ensuite le traducteur, qui très-souvent glisse dans son

muet, restée en usage chez le peuple : il ne *l'peut* souffrir ; — ils ne *l'savent ;* —
il n'est droit qu'il *s'vante ;* — il *m'dit.* — Mais le caractère essentiel et particulier des deux manuscrits, c'est la notation permanente et souvent même su-
perflue des consonnes finales euphoniques destinées à prévenir l'hiatus et
l'élision. Dans les manuscrits d'un âge moins éloigné de nous, cette notation
des euphoniques est aussi bien moins exacte, et plus on se rapproche, plus
les euphoniques deviennent rares, marquées ou omises au hasard, jusqu'à
ce qu'elles finissent par disparaître complétement.

texte ses propres réflexions en manière de glose, a écrit à
la page 154 (éd. de 1837) : « L'an d'après, en cel cun-
« temple (en la saison) que les Reis se solent emuveir a ost
« et bataille, *ço est en mai*, li Reis David, etc.... »

Dans le poëme de Theroulde, le roi sarrasin Marsille
rassemble son armée, la passe en revue et lance sa flotte
en mer. Le poëte a soin de marquer la date de cette cérémonie :

> *Ço est en mai*, al premer jur d'ested.

Est-ce là un rapprochement fortuit et un détail insignifiant?
Je ne le pense pas [1].

On sait que les rois des deux premières races tenaient
leur conseil, décidaient les expéditions militaires et passaient
la revue de leurs troupes au champ de mai. Or, ces espèces
d'États généraux avaient cessé à l'avénement de Hugues
Capet, au x° siècle (987). Mably, qui remarque ce fait, en
donne aussi la raison : « Ces assemblées du peuple, déjà
fort rares sous les fils de Louis le Debonnaire, étaient im-
praticables depuis que les comtes s'étaient rendus souverains
dans leurs gouvernements et seigneurs dans leurs terres. »

---

[1] Ce vers n'est pas l'unique allusion au champ de mai qui se rencontre
dans le poëme de Theroulde : c'est au champ de mai que Ganelon est traduit ;
c'est devant l'assemblée du champ de mai que se passe le duel entre Pinabel
et Thierry, le premier, champion de Ganelon, l'autre, de Roland défunt. C'est
à cette occasion que Theroulde se sert du mot *maillé*, c'est-à-dire cité au *mail*
ou au *mai*, mot que je n'ai jamais rencontré ailleurs sous la forme française
(le latin dit *mallare*, *mallatus*), parce qu'en effet nous n'avons pas d'autre monument voisin des assemblées du champ de mai. Les versificateurs du temps
de saint Louis qui ont voulu rajeunir et accommoder à leur guise le vieux
texte se sont bien gardés de conserver une expression que personne ne com-
prenait plus : le mot, depuis longtemps, était mort avec la chose.

Le traducteur du livre des *Rois*, mentionnant l'usage du champ de mai comme actuellement en vigueur, écrivait donc nécessairement avant 987, c'est-à-dire en plein x⁰ siècle, si ce n'est plus tôt.

Et je ne puis m'empêcher de regarder le poëme de Theroulde comme contemporain, ou à peu près, de la traduction du livre des *Rois*.

Je sais qu'en parlant ainsi je me rends suspect de la préoccupation reprochée à la plupart des éditeurs archéologues (préoccupation qui d'ailleurs se concilie très-bien avec la sincérité), de chercher toujours à reculer l'antiquité du morceau qu'ils présentent, afin de relever d'autant le mérite de leur découverte et l'importance de leur travail. Je ne crois pas être sous l'influence de cette idée, ou, si l'on veut, de cet instinct; au moins ai-je fait tous mes efforts pour m'y dérober. Mais tous les témoignages que je consulte me semblent concorder et aboutir à la même conclusion.

Examinez le texte de Theroulde, voyez ce système d'assonances taillées à coups de hache dans une langue informe, où la phrase est à peine faite; ces vers où la mesure n'existe que pour l'oreille et à condition d'étrangler çà et là une syllabe muette; comparez cette rudesse, cette sauvagerie, à la langue telle que nous la voyons dans les écrivains authentiques du xii⁰ siècle, dans Wace, dans Jordan Fantosme et surtout dans Chrestien de Troyes. Quelle différence! Ici la langue est non-seulement faite, mais déjà souple et polie; la mesure est régulière, la rime très-exacte lorsqu'elle n'est pas riche, ici enfin l'art se révèle de tous côtés aux yeux les moins attentifs. Entre cette nature brute et cette nature cultivée ne mettre qu'un siècle d'intervalle, c'est assurément le

ioins qui se puisse. Or, Chrestien de Troyes est mort en
191 : il écrivait donc au milieu du xiiᵉ siècle. Il m'est im-
ossible d'admettre Theroulde pour son contemporain.

Évidemment Theroulde et le traducteur des *Rois* écri-
aient à une époque où la langue française se dégageait à
·eine du sein de sa mère, la langue latine. Cette époque
oit être beaucoup plus ancienne que le xiiᵉ siècle. On n'a
amais, que je sache, signalé les premières traces du fran-
ais; on n'a pas essayé de surprendre les premiers balbu-
iements de notre idiome. Quelle recherche pourtant plus
atéressante pour nous? Il s'est trouvé des savants pour
iscuter cette thèse, que l'italien de nos jours existait comme
atois populaire à côté du latin de Cicéron; mais personne
ie s'est encore présenté pour examiner si dans les ténèbres
lu moyen âge, lorsque les classes lettrées se servaient encore
l'un latin tel quel, le peuple à côté d'elles ne parlait pas
léjà français.

La naissance de la langue française est encore une désigna-
ion chronologique des plus vagues : on ne s'est jamais occupé
l'en préciser la date, et de la rattacher au quantième d'un
iècle. Les érudits nous parlent sans hésiter d'ouvrages com-
iosés notoirement au xiiᵉ siècle; mais les monuments écrits
lu xiᵉ sont, disent-ils, très-rares; de ceux du xᵉ, pas un mot.
iont-ils ou ne sont-ils pas? et s'ils ne sont pas, est-ce à dire
[ue la langue elle-même n'existât pas encore à cette époque?
iur ces questions et bien d'autres on garde un silence pru-
lent. Les plus hardis s'aventurent jusqu'à cette assertion,
[ue les langues modernes sont nées pendant le cours du
ᵉ siècle. Le champ passablement restreint de la philologie
rançaise aboutit à cette espèce de sable mouvant.

Eh bien, j'ai été plus curieux que mes devanciers : j'ai hasardé quelques pas dans le désert pour tâcher de surprendre les premiers vagissements de notre idiome, et je me suis convaincu que son berceau est placé bien plus avant qu'on ne le suppose d'ordinaire.

Pour parler sans figure, je me suis mis à chercher la langue française dans les chartes et diplômes latins du xᵉ siècle, du ixᵉ; et en remontant toujours, j'en ai trouvé des traces dès le viiiᵉ siècle, dès le viiᵉ peut-être. Par quel procédé? C'est en m'attachant aux noms propres de lieux, lesquels, dans l'origine, sont toujours tirés de la langue vulgaire et portent en soi une signification comme noms communs.

Les notaires rédacteurs des diplômes royaux usent de la langue latine, qui demeura la langue officielle des actes jusqu'à l'ordonnance de Villers-Cotterets. Souvent l'officier public, pour plus de clarté ou par embarras de latiniser un nom de lieu, le met tout uniment en vulgaire. Quelquefois il pousse la précaution jusqu'à réunir les deux formes, la forme latine et la vulgaire à côté : « Venit ad villam cujus vocabulum est Restis, vulgò *Reste.* » (D. Bouq. VI, 316.) Enfin il y a une multitude d'appellations latines qui seules démontreraient l'existence d'un français latent sur lequel évidemment elles sont calquées.

Voyons d'abord des exemples de mots français ou à forme française. Je m'enferme dans le ixᵉ siècle :

Ann. 836. « Tradidit supradictus Nominoe quartam partem plebis *Bain*.... insuper etiam totam plebem *Bain.* » — 838. « Ab hinc usque ad fontem *Allier.* » (D. Bouq. VI, 676.) — 843. « Capella in honore Sᵗⁱ Martini supra fluvium *Cort.* » (D. B. VIII, 427.) — 844. « In pago Gerundensi me-

dietatem villæ *Mollet.* » (D. B. VIII, 426.) — 845. « Juxta-
que donavit ecclesiam castri nomine *Vandres.* » (D. B. VIII,
471.) — 890. Donation du roi Arnoul : « In duobus locis
Grantvillart et *Rosières.* » (D. CALMET, *Hist. de Lorr.* IV, 322.)
— 899. Donation du même : « Comitatu *Moselant* nuncu-
pato. » (D. CALMET, IV, 321.) — 827. « In pago Parisiaco,
in villa quæ dicitur *Vals.* » (D. B. VI, 554.) C'est *Vaux*,
selon l'orthographe du temps. — 859. Acte de Louis le
Debonnaire : « Ecclesiæ quæ dicitur *Belmont.* » (*Alsatia di-
plomatica*, ex tabulario Rappolstein, p. 89.) — 817. (Trois
ans après la mort de Charlemagne) : « Villa quæ dicitur
Lertiaux.......[1] villam *de Romans.* » (*Hist. de S. Mihiel*,
preuves, p. 428.) — 811. « De traditione villæ *Calmont....*
Karolus (c'est Charlemagne lui-même) huic cœnobio villam
Calmont Deo sanctoque Bertino tradidit. » (*Cartul. de S. Bertin*, p. 73.)

En 880, Richarde accorde la charte du prieuré d'Estival.

---

[1] Je dois placer ici une remarque en faveur de ceux qui voudraient poursuivre de semblables recherches : c'est que tous les mots de ce français primitif ne se sont pas maintenus jusqu'à nous. On ne sera donc pas surpris de rencontrer une foule de noms propres dont le sens, comme noms communs, est
aujourd'hui perdu. Par exemple, quatorze ans avant la mort de Charlemagne,
des chemises d'une certaine étoffe venue d'outre-mer ou destinées à l'usage des
marins s'appelaient en langue vulgaire, en français, *Bernicrist.* Pourquoi ? le
devine qui pourra, mais le fait est assuré : « Drappos ad kamisias ultramarinas,
quæ vulgò *Bernicrist* vocitantur. » (*Cartul. de S. Bertin*, p. 66, *sur l'an 800.*)

La langue française ne possède pas aujourd'hui de terme qui exprime en un
seul mot l'action d'un huissier qui signifie un exploit *parlant à la personne.* La
langue du IXᵉ siècle était plus riche à cet égard que celle du XIXᵉ : elle avait
affatomie, formé du latin *affari.* Ce terme technique de jurisprudence est ex-
pliqué dans un capitulaire de Louis le Debonnaire, de l'an 817 : « De *affatomie*
dixerunt quod traditio fuisset (scilicet citationis). » (D. B. VI, 424.)

J'y vois figurer une multitude de mots français : « Videlicet
Belmont; — capella *de Nohennes; —* ecclesiam *de Doncerres ;*
viam *de l'estege* qua itur ad *Manil; —* inde *alacroé* (à la
croix?); — fontem *de Hadenoville; —* viam ad *Huomont,*
indè ad *fosse;* de *fosse* ad *Maurville; —* rivulos *d'Asperiole;*
— quinque jugera ad *la Rochère; —* ab arbore quæ dicitur
Cirises[1]; — per declivum ad *Albe espine; —* de *chemisel* ad
Granrù. » (Dom Calmet, *Hist. de Lorr.* IV, p. 316.)

Dans un diplôme de Charles le Chauve, de l'an 850 :
« Cum villulis quæ genitor noster delegavit, hoc est *Bains* et
Rannat, Landegon et *Plaz* et *Ardon.* »

Dans un autre diplôme du xᵉ siècle : « Loco qui dicitur
Brehemont[2].... *Strailes....* *Grandru....* *Espasses....* » (*Hist. de
S. Mihiel,* preuves, p. 428.)

Voilà des noms très-intelligibles mêlés à d'autres noms
qui le sont moins ou ne le sont plus; mais il est positif
que ce sont là toutes formes françaises, et que le notaire,
pour ôter l'équivoque ou l'obscurité, s'est cru obligé de désigner ces localités par leur nom en langue vulgaire.

La présence de mots de la langue vulgaire dans des actes
rédigés du reste en latin s'expliquerait encore bien mieux, si
l'on avait la preuve que les chartes étaient parfois traduites
du vulgaire en latin. Or, ce fait est constaté par un passage très-remarquable du roman d'Agolant. L'auteur ex-

---

[1] Nouvel exemple à l'appui d'une proposition émise ailleurs, qu'originaire-
ment le même mot servait, pour certaines espèces, à désigner l'arbre et le
fruit, et qu'ainsi s'expliquent ces locutions vulgaires *de la fleur d'orange, le Jardin des olives.* C'est qu'on disait : *une olive, une orange, une cerise,* pour *un olivier, un oranger, un cerisier.*

[2] Brémont, *brevis mons.*

pose comment Girard d'Euphrate fit sa soumission à Charlemagne en personne, dans la ville de Vienne, d'où il retint
depuis le nom de *Girard de Viane*. Girard mit pied à terre
de son cheval, et alla remettre son manteau entre les mains
de Charles; de quoi l'archevêque Turpin dressa une sorte
de procès-verbal :

> Il a pris pane et anque et parchemin,
> Si fait la chartre *de romanz en latin*
> Sicom Girard dessendi ou chemin
> Et rendi Karle son mantel sebelin.
>
> (*Ms. la Vallière*, 123, fol. 25 verso.)

Voilà donc la langue française déclarée usuelle du temps
de Charlemagne; et la traduction des chartes positivement
énoncée. Mais d'ailleurs, à défaut de ce témoignage, le simple bon sens y suppléerait et nous indiquerait qu'il en devait être ainsi. Le notaire appelé au chevet d'un mourant
pour recueillir ses dernières volontés prenait ses notes dans
l'idiome du testateur; puis, de retour chez lui, il faisait
comme Turpin, il rédigeait à loisir d'après cette minute en
roman une belle charte en latin officiel, à laquelle bien
souvent, selon toute apparence, le premier auteur de l'acte
n'aurait pas compris un mot, hormis les noms de lieux que
le notaire n'était point parvenu à travestir.

Quelquefois pourtant ce notaire réussit à donner à son
thème une couleur latine uniforme. Mais quel latin! Il
suffit d'y regarder un peu de près pour apercevoir le français qui se cache dessous. Il faut se défier de l'extérieur des
mots, car il arrive souvent qu'une dénomination, même

énoncée en latin parfaitement pur et correct, a pour but de
reporter la pensée à la forme vulgaire.

Quand Charles le Chauve, en 854, donne au Moustier du
Ders « villam quæ nuncupatur *villa* » (D. B. VIII, 529 ᴇ),
n'est-il pas évident que cela signifie « la *ferme* appelée *ville ?* »
Le premier *villa* est vraiment du latin; le second est du
vulgaire : la *ville* l'Évêque.

« In loco qui rustico vocabulo *Villa lupæ* nuncupatur. »
(Acte de 850, D. B. VIII, 511.) *Villa lupæ* est de très-bon
latin; ce n'est pas cette dénomination qui peut être qualifiée
rusticum vocabulum, mais c'est que par *Villa lupæ* il faut entendre *Villeloin.* Voilà le mot rustique; on vous le dit en
latin pour que vous le compreniez en français. C'est à quoi
tend cette indication : *rustico vocabulo.*

« Quod nuncupatur.... cujus vocabulum est.... rustico
vocabulo.... vulgò.... rusticè.... » Toutes ces formules me
paraissent indiquer une dénomination prise de la langue vulgaire, d'autant, je le répète, qu'elles se rencontrent aussi
bien devant les formes du plus pur latin que devant les
formes barbares.

Dans un acte de 814 (l'année même de la mort de Charlemagne) : « in villa quæ vocatur *Rosarias.* » —De 828 : « villam quæ dicitur *Fontanas....* quæ dicitur *Fontenellas....* quæ
dicitur *Asinarias....* » Il est bien clair qu'on veut ici indiquer
les mots français *Rosières, Fontanes, Fontenelles, Asnières.* Ces
substantifs féminins, comme je l'ai dit ailleurs [1], étaient formés non pas du nominatif latin, mais de l'accusatif; et ici le
latin les reprenant du français, leur laisse leur forme d'ac-

---

[1] *Var. du lang. fr.* p. 94.

cusatif là même où la syntaxe latine commandait le nominatif. En effet, si le rédacteur n'avait pas eu dans la pensée les formes françaises et n'eût pas voulu y reporter le lecteur, si ces formes n'eussent pas existé, il eût mis : « villa quæ vocatur *Rosariæ*, *Fontanæ*, *Asinariæ*. » Mais il n'y avait plus de déclinaisons : *Rosarias*, *Fontanas*, *Asinarias*, étaient devenus des formes immobiles : l'*a* final s'éteignait en *e* muet; c'était déjà du français sous une orthographe latine[1].

Et cela est si vrai, que des actes plus anciens présentent quelquefois ces mêmes appellations dans la forme française. Par exemple, on lit *Rosières* et *Grant Villar* dans un acte de 890, et dans une foule d'actes postérieurs *Rosarias* et *magnum Villare*.

Dans la biographie de Louis le Pieux par l'astronome son contemporain : « Ordinavit per totam Aquitaniam comites abbatesque, nec non plurimos alios quos *vassos* vulgò vocant. » Il est indubitable que l'auteur avait dans la pensée le mot français *vassaux*.

Quand je lis dans un diplôme de 829 : « Villam quæ dicitur *cella villaris*, je suis convaincu que le peuple nommait cet endroit *Villars celle* ou *Villarceaux; Calidumbeccum* est Caudebec; *Curva via,* Courbevoie; *Petreus pons,* Pierre pont; *Villa nova,* Ville neuve; *Nova villa,* la Neuville; *Longa aqua,* Longueau (près d'Amiens).

Un diplôme de Louis le Debonnaire, de l'an 821, s'exprime ainsi : « Neque de aliis liberis hominibus vel incolis qui rusticè *Albani* nuncupantur. » (D. B. VI, 524.) Est-ce que *Albani* est un mot de la langue rustique? Point du tout : c'est

---

[1] Au bas d'un acte de 1066 : « Signum Azonis *de Fontanas.* » (*Cartul. de la Trinité,* p. 421.) C'est *de Fontenes*.

Aubain. Les paysans de Louis le Debonnaire connaissaient
les *Aubains*, mais ils n'avaient jamais ouï parler de

Albanique patres atque altæ mœnia Romæ.

Les notaires latinisent tant qu'ils peuvent et comme ils
peuvent, mais leur maladresse les découvre quand ce n'est
pas l'impossibilité de faire mieux. Acte de 852 : « In ipso
loco, in villa quæ dicitur *fracta genua,* unum mansum. »
Croirez-vous là-dessus que le peuple parlât latin et appelât
ce lieu *fracta genua?* nullement. Ce *fracta genua* est la version
d'un nom vulgaire composé comme serait *freints-genoux* ou
frigenoux[1].

Tous ces mots cependant conservent, avec la forme exté-
rieure, un fond réellement latin, dont on peut encore ar-
gumenter contre ma thèse. Soit; mais comment expliquer
cette multitude de noms hybrides composés d'une racine
latine et d'une vulgaire? La dénomination *longua aqua* n'im-
plique pas rigoureusement, je le veux, l'existence des mots
français *longue eau;* mais, pour que *Puteau* fût latinisé en
Aquaputta, il fallait bien que l'adjectif *put, pute* existât en
vulgaire. Or *Aqaaputta* se trouve dans un titre de l'an 634 ;
le bon roi Dagobert fait donation à l'église de S. Denis de
plusieurs bourgs et villages : « Necnon et de Salice, seu
Aquaputta, quæ constant in agro Parisiaco. » (D. B. II, 590 A.)
Ce village portait donc alors deux noms : *Salix* en latin, et
en vulgaire *Pute-eau,* dont le notaire fait *Aquaputta.*

Ouvrez le cartulaire de S. Bertin à l'année 877 : «Et in
Belrinio bunaria xv. » *Belrinium* signifie *bel-raim* ou *beau-*

---

[1] *Fractus* se traduit *frit.* Petra fracta, *Pierre-fritte,* plus tard *Pierre fitte.*

rain; c'est le mot français travesti en latin sur la foi de l'oreille et sans intelligence de l'étymologie, qui voulait qu'on traduisît *Beaurain* par *Bellus ramus,* comme au surplus on le trouve ailleurs.

Je remarquerai tout de suite que ce *Belrinium* se montre déjà dans des actes du vɪɪɪᵉ siècle, entre 721 et 723 : « Infra Mempisco seu *Belrinio* super fluvium Quantia. » (*Cartul. de S. Bertin,* p. 49.)

Voici un calembour de Théodulfe, évêque d'Orléans, mort en 821. Dans une pièce de vers adressée à Charlemagne, par conséquent antérieure à 814, l'évêque d'Orléans plaisante aux dépens d'un certain Théodore Scot. Voulez-vous, dit-il à l'empereur, savoir ce que c'est que Scot? Supprimez la seconde lettre de son nom; ce nom ainsi réduit vous dira la valeur de l'homme : *Quod sonat hoc et erit,* c'est-à-dire un *sot.* Or *sottus* n'est pas un mot d'origine latine; c'est toujours du latin moulé sur le français. J'en conclus que le mot *sot* existait en vulgaire du temps de Charlemagne. (D. Bouquet, VII, 417.)

Aux vɪɪɪᵉ et ɪxᵉ siècles, dans le vaste empire de Charlemagne, plusieurs langues se trouvaient en présence, dont chacune aspirait à détrôner le latin, et pour le supplanter un jour commençait par céder à sa domination universelle en revêtant ses formes. Dans l'idiome germanique *berg* est une montagne : on en faisait le substantif latin *berga, æ;* de *wacht,* gardien, *wachta, wachtæ; schach* répond au latin *malum :* un malfaiteur s'appelait *schachator,* et c'est la loi elle-même qui, pour être universellement comprise, se voit dans son langage réduite à ces complaisances : « Et quem scio qui nunc latro aut *schachator* est....... non ce-

4

labo. » (*Capitulaire de Charlem.* de 853). Le radical *mad*, en
celtique, signifie *bon* : le nom de *Bonneval* se traduisait par
quelque historien bas-breton, *madvallis* : « In villam madvallis nuncupatam devenit. » (*Vie de S. Carilef.*) — « Madvallis ergo, id est bona vallis fundus vocatus est. » (*Vie de S.
Médard.*) On suivait le même procédé à l'égard du français :
« Duos acros cum ipso pomerio, id est *gardigno.* » (*Cartul.
de la Trinité*, p. 431.) On forgeait les noms hybrides *Sotte-
villa, Flamenvilla, Sechevilla, Chevrevilla* ou *Quevrevilla*, que
d'autres textes de la même époque présentent sous la forme
plus correcte et plus décevante *Caprivilla.*

Tous les chroniqueurs du temps de Charlemagne, Éginard, la chronique de Moissac, les annales Pétaviennes, etc.
appellent le mont Cenis, *montem Cenisium.* Or *Cenis*, qui est
la prononciation de *S. Nis*, abrégé lui-même de *saint Denis*,
ne saurait venir immédiatement du latin ; le latin *sanctus* n'aurait jamais conduit à cette syncope *ce.* L'historien qui, pour
mons sancti Dionysii, écrivait *mons Cenisius*, ne fait donc que
latiniser la forme vulgaire *mont Cenis.*

Jetons seulement un regard dans le viiie et dans le viie siècle :
j'y crois apercevoir des traces incontestables de la langue
française.

Dans la Vie de saint Pardulfe, œuvre anonyme que les
Bénédictins mettent à la date de 741, je vois qu'un berceau
d'enfant s'appelait *berciolum*, et l'auteur a bien soin d'avertir
que c'est en vulgaire le meuble appelé par les *philosophes*
bien parlants *cunabulum* : « *Berciolum* quod honesto sermone
philosophi *cunabulum* vocant. » Et dans un autre endroit :
« In agitatorio, quod vulgo *berciolum* vocant[1]. »

---

[1] Dom Bouquet, IV, 654.

D'où peut venir le bas latin *cuniada* sinon du mot vulgaire *cognée?* Je trouve *cuniada* fréquemment employé dans des actes de Charlemagne, par exemple dans le capitulaire *de villis suis*, antérieur à l'an 800. Le roi (car il n'était pas encore empereur) veut que chacune de ses métairies soit pourvue de *cognées* : «ut unaquæque habeat secures, id est *cuniadas*:» donc *securis* n'était pas le mot vulgaire, et *cuniada* travestissement de *cognée* servait à expliquer *securis*.

Le mot *nonnains* est clairement indiqué dans un capitulaire de 789 : «De monasteriis minutis ubi *nonnanes* sine regula sedent, volumus, etc.[1]»

Le mot barbare *meziban* pour exprimer un banni, si fréquent dans les actes du VIIIe et du IXe siècle, paraît être du français : un *mis in ban*, ou *au ban*. «De *meziban*, id est latrone forbanito..... ut nullus eum recipere audeat[2].» (Capitulaire de 809.)

Brai, qui subsiste encore dans les noms propres *Debray, Folembray, Mibray*, n'est certes pas un mot latin. Marculfe, dans ses formules, nous avertit que c'est un mot vulgaire qui signifie boue : «*Braium*, gallicè *latum*[3].»

Fortunat, évêque de Poitiers, mort vers 609, dans la Vie de sainte Radegonde, dit que cette reine donna à l'autel ses coiffes, ses chemises, ses manches et son escoffion, le tout en or : «Regina, sermone ut loquar barbaro, *scafionem, camisas, manicas, cofeas*, cuncta auro, sancto tradidit altari.» Ainsi ces appellations *cofea, scafio, camisa, manica*, sont des

---

[1] Dom Bouquet, V, 649.
[2] *Ibid.* V, 680.
[3] *Ibid.* III, 430, n.

mots de la langue vulgaire auxquels Fortunat donne la forme latine : « Sermone ut loquar barbaro. »

Une des circonstances les plus significatives, c'est le soin qu'on prend de mettre en regard le mot latin et le terme vulgaire. C'est là ce qui marque la transition : l'auteur veut s'assurer la chance d'être compris en tout cas. Ainsi, nous venons de voir « *securis*, id est *cuniada; — meziban*, id est forbannitus; —*braium*, gallicè lutum, etc... » Rien n'est plus curieux que ces deux langues en présence, la langue qui s'en va et celle qui arrive. L'auteur de la Vie de saint Remy emploie concurremment *exercitus* et *hostis* (l'*ost*) : — « super quem Chludowicus cum *hoste* advenit et devicit.... civitates cum suo francico *exercitu* occupavit. » Cet auteur est Hincmar, mort en 882, dans une extrême vieillesse; mais il faut observer que Hincmar déclare lui-même avoir compilé cet ouvrage sur une biographie beaucoup plus ancienne, citée par Grégoire de Tours.

J'ai signalé plus haut *Belrinium*, c'est-à-dire *Beaurain*, dans des actes du viiie siècle, et *Aquaputta*, *Puteau*, dans un acte du commencement du viie; cela suffit à faire entrevoir où ces recherches pourraient conduire. Les poursuivre nous entraînerait trop loin quant à présent; je reviens sur mes pas et rentre dans le ixe siècle, que je regarde comme une étape déjà suffisamment avancée et que je ne veux point dépasser.

Tandis que je ramassais laborieusement ces miettes de français dans les chartes latines, pour en conclure l'existence de notre langue à cette époque, comme langue vulgaire et usuelle, le hasard me préparait de cette proposition une preuve bien autrement décisive. Une brochure intitulée *Voyage historique dans le nord de la France*, me fit

connaître le *fac-simile* d'un lambeau de parchemin servant
de feuille de garde à un manuscrit du x⁰ siècle. Sur ce *fac-simile* je lus sans peine des mots et des phrases entières
d'un français assez conforme à celui du livre des *Rois*, mé-
langé de mots latins et surtout de notes tironiennes fort
abondantes. Cette dernière circonstance datait le fragment :
en effet, les notes tironiennes, au témoignage des Bénédictins, cessèrent d'être employées à la fin du ix⁰ siècle.
« Cette écriture, dit M. de Wailly, cessa d'être employée en
France vers la fin du ix⁰ siècle, et en Allemagne vers la fin
du siècle suivant[1]. »

L'original de ce précieux fragment appartenait à la bibliothèque de Valenciennes. Dans l'espoir d'en faire sortir quelque chose de plus que du *fac-simile*, je demandai commu-
nication du volume de Valenciennes, et je fus assez heureux
pour l'obtenir. Lorsque j'eus sous les yeux, entre les mains
la relique karlovingienne, je pensai qu'il était possible d'en
tirer un grand secours pour la philologie française, encore
qu'elle fût dans un pitoyable état! le couteau d'un relieur
barbare a fait tomber la tête du feuillet, et, ce qui est bien
pis, retranché une bande sur toute la hauteur du côté
gauche, en sorte que les lignes ne s'attachent plus l'une à
l'autre ; la colle forte avait appliqué le recto contre le bois
du plat avec une telle adhérence, que pour l'en arracher,
une main violemment curieuse avait fait périr l'épiderme
du vélin. Ce recto était à peu près tout blanc, et le verso
avait été incomplétement ravivé. Heureusement la chimie,

---

[1] *Élém. de paléog.* I, 423. Il paraît constant, malgré l'assertion des Bénédictins, qu'on trouve encore des notes tironiennes dans quelques manuscrits
authentiques du x⁰ siècle.

complice ingénieuse des archéologues et des paléographes,
nous fournit des secrets pour contraindre le parchemin à
restituer tout ce qu'il peut cacher d'un texte dans son épaisseur. Ces moyens réussirent ici admirablement : le recto
lui-même rendit assez de mots pour permettre de reconnaître le sujet traité dans cette page : c'est le premier et le
second chapitre du prophète Jonas, dont le revers présente
le quatrième chapitre. Un artiste habile transporta sur le
papier, avec la dernière exactitude, ces deux pages désor- ·
mais sauvées de l'anéantissement. Mais il fallait les lire en
entier, il fallait débrouiller ce mystère des notes tironiennes
dont quelques lambeaux de latin et de français permettaient
bien d'entrevoir le sens par intervalles, mais par cela même
ne faisaient qu'irriter le désir de pénétrer le reste. Je fus
encore assez heureux pour rencontrer dans un jeune homme,
élève de l'école des chartes, ce que j'aurais en vain demandé
à toute l'Europe savante, un paléographe qui fût parvenu à
dérober aux notes tironiennes leur secret si longtemps
impénétrable, et à se l'approprier. Ce qu'il a fallu de patience, de pénétration et de sagacité à M. Jules Tardif pour
en arriver là, est chose merveilleuse. Enfin, M. Jules Tardif
est parvenu à lire ces hiéroglyphes du moyen âge; et en
attendant que sa découverte livre à l'érudition tous les fruits
dont elle est grosse, j'en manifeste ici le premier résultat,
charmé que ce résultat dû à un Français, se révèle à l'occasion d'une étude sur la philologie française.

Cet inestimable document mérite d'être soumis tout entier au lecteur : ce sera l'objet d'un *excursus* à la fin de ce
volume; pour le moment, je me contente d'en extraire
quelques-uns des passages qui viennent à l'appui de ma thèse.

J'ai montré, tout à l'heure, comment un notaire du
ix° siècle, assis au chevet d'un mourant recueillait ses dernières volontés, et, de ces notes prises en vulgaire, de la
bouche du testateur, composait ensuite à loisir un acte officiel rédigé en latin. Ici nous avons un bon prêtre ou moine,
contemporain de Louis le Debonnaire, qui veut instruire
ses ouailles par une homélie sur l'histoire de Jonas. Nous
assistons à la naissance du français ; nous allons le surprendre
se produisant au milieu du latin, dans des phrases construites
selon la syntaxe latine, en sorte que ce mélange tombant sur
un auditoire mêlé lui-même, composé d'intelligences inégale-
ment avancées, l'un des deux éléments s'éclaire par l'autre.
Chacun saura toujours ou assez de latin pour saisir le sens
des mots vulgaires, ou assez de vulgaire pour saisir le sens
des mots latins. C'est par l'effet de cette combinaison, que la
cérémonie du Malade imaginaire est intelligible même aux
femmes et aux enfants. Peu à peu l'idiome vulgaire prédomi-
nera et gagnera du terrain, jusqu'à ce qu'il ait usurpé toute
la place et chassé la langue latine. La réflexion pouvait bien *à
priori* suggérer ce mode de formation et d'accroissement du
français, mais ce n'eût jamais été qu'une théorie : il nous est
infiniment précieux de voir cette théorie confirmée par la pratique, sur un témoignage irrécusable, exprès sorti de l'abîme du
temps. Écoutons donc cette voix qui prêche au fond du ix° ou
du x° siècle, et dont quelques éclats parviennent jusqu'à nous :

« [. . . . . . [Deus] me rogavit *aler* ad Niniven. . . — Habuit misericordiam *si com il* semper *solt haveir* de peccatoribus . . . . . — Et sic liberat *de cel peril* [quod habebat decre-
tum] *que* super *els metreiet.*

« *Dunc*, ço dixit, *si fut* Jonas propheta *mult correcious e mult ireist,* [quia Deus de Ninivitis] misericordiam habuit, *e lor* peccatum *lor* dimisit . . . . . — Jonas *escit foers de la* civitate, *e si sist* contra orientem civitatis . . . . .

« Jonas propheta habebat *mult laboret e mult penet a cel* populum . . . . . et faciebat *grant jholt, e eret mult las* . . . . .

« [Et Deus præparavit] *un edre sor señ cheve, quant umbre li fesist e repauser s' podist.* »

Observez que le français, lorsqu'il se montre par phrases aussi longues, n'est que la traduction un peu paraphrasée du texte de la Bible que l'orateur a eu le soin de citer, par exemple :

« Et lætatus est Jonas super ederam . . . . . » *Mult* lætatus *por que* Deus *cel edre li donat a sun soueir e a sun repausement.*

« Et præcepit Dominus [vermi qui percussit ederam] et exaruit; et paravit Deus ventum calidum super caput Jone, et dixit : melius est mihi mori quam vivere. » *Dunc si* rogavit Deus *ad un verme que percussist cel edre sost que cil sedebat, e cilg eedre fu seche; si vint grant jholt* super caput Jone, et dixit, etc. . . . . »

Un fait aussi très-remarquable, c'est qu'un même mot se montre successivement sous la forme française et sous la forme latine; exemple :

« *Faites vost* almosnes *nessi cum faire* debetis, *e faites vost* eleemosynas *cert ço sapitis.* »

Du latin *intelligere* le vulgaire avait fait *entelgir.* Les deux formes sont en présence : « per *cel edre, si* debetis intelligere Judæos . . . . . — . . . . . *Cum* potestis ore videre et entelgir. »

« — *Ils erent convers* de via sua mala.

« — *Ne aiet niuls* male voluntatem contra *sun pcer.* »

Voici un passage où l'idiome vulgaire paraît presque seul :

— « ..... per Judæos, *por quant il en cele duretie e en cele en-credulitet permessient;* etiam plora *si cum dist e le* evangelio, *lieu de avant dist.* »

Mais ce qui domine incontestablement, c'est le mélange, et un mélange si intime, qu'il ne permet pas à l'intelligence de s'égarer. Par exemple, l'imparfait de l'indicatif, que le latin exprime d'un seul mot, grâce au jeu des terminaisons mobiles, le français est obligé d'en faire un temps composé avec le participe passé et l'auxiliaire avoir : *feceram, j'avais fait.* Notre auteur alors ne manque jamais, en prenant la forme française, d'en exprimer la moitié en latin, en sorte qu'on peut dire que son expression est à cheval, jambe deçà, jambe de-là, sur les deux idiomes et les deux syntaxes. — « Tanta mala nos *habemus fait.* — E si s' penteient de cel mal que *fait ha-bebant.* — Cel peril quant *il habebat* decretum..... » L'intel-ligence la plus obtuse, la volonté la plus rebelle ne pourrait s'empêcher de comprendre.

Ce texte doit nous porter bien près de l'époque où les conciles d'Arles, de Tours et de Mayence prescrivaient de traduire les homélies en vulgaire, pour s'accommoder aux besoins de l'auditoire : c'était en 813, du vivant encore de Charlemagne. Si le fragment que je viens d'extraire n'est pas d'une homélie composée en conformité de ces canons, que peut-il être? Comment peut-on se figurer la langue fran-çaise sous une forme moins développée, et s'avançant dans le monde officiel d'une façon plus discrète et plus timide?

Nous avons vu plus haut combien le langage était semé de mots hybrides; ici c'est le langage même que nous voyons hybride au plus haut degré. Cet hybrisme paraît avoir été l'instrument de la transition.

L'homélie sur Jonas nous laisserait au ix⁰ siècle; descendons et suivons les traces de la langue française dans le x⁰.

Le concile de S. Bâle, à trois lieues de Reims, s'assembla en 991; nous en avons les actes rédigés par Gerbert, alors archevêque de Reims, plus tard pape sous le nom de Sylvestre II. Gerbert, dans sa courte préface, réclame l'indulgence pour les inexactitudes qui pourraient lui être échappées; son excuse, c'est que presque toujours il a dû faire une traduction triple : traduire la pensée de l'orateur, traduire son éloquence, enfin son idiome vulgaire; d'où l'on peut conclure, observent les Bénédictins, que le français, sous le nom de langue romane, était dès lors en usage. (D. Bouq. X, 513, en note.)

Dans les actes du concile de Mouzon, en 995, il est dit nettement qu'Aymon de Verdun prit la parole en français : « Facto itaque silentio Aymo surrexit et *gallice concionatus est.* » (D. B. X, 532.)

L'usage du français comme langue vulgaire était déjà si répandu que les prédicateurs prêchaient en deux langues : en latin pour les ecclésiastiques, et pour le peuple en français. Albéric de Trois-Fontaines rapporte ces vers de l'épitaphe de l'abbé Notger, mort en 998 :

Vulgari plebem, clerum sermone latino
Erudit et satiat magni dulcedine verbi.

(D. BOUQUET, X, 286.)

Le pape Grégoire V, le prédécesseur immédiat de Sylvestre II, prêchait, lui, en trois langues; son épitaphe le dit :

Ante tamen Bruno, Francorum regia proles,
Usus Francica vulgari, et voce latina
Instituit populos eloquio triplici.

Brunon, de l'illustre famille des rois de Germanie (il était neveu d'Othon III), enseigna le peuple en allemand, en français et en latin. Il avait été élu en 996; il mourut en 999.

Observez cette expression *vulgaris vox*, ou *sermo*, pour désigner le français. Le français, au x° siècle, s'élevait déjà sur tous les idiomes modernes au milieu desquels il était né. Après avoir soutenu leur concurrence, il prédominait : c'était, par excellence, la langue vulgaire.

Je fermerai cette série de témoignages sur le français au x° siècle par celui des Bénédictins auteurs du Recueil des historiens des Gaules : « Les laïcs au x° siècle étaient dans une très-grande ignorance de la langue latine, et même, dès le ix° siècle, l'usage de parler latin se perdait insensiblement parmi eux, tellement qu'on prétend que Louis d'Outremer ignorait cette langue. » (T, X, p. 62 de l'introd.)

Indépendamment de toutes les preuves que j'ai essayé d'en rassembler et auxquelles on pourrait en joindre de pareilles par centaines, le 17° canon du concile de Tours en 813, suffirait seul pour démontrer l'établissement du français comme langue usuelle dès le ix° siècle. Les Pères du concile de Tours eussent-ils ordonné la traduction des Écritures en langue vulgaire, si cette traduction n'eût été un besoin réel, une nécessité? Pour qui? Pour la cour, les riches, les lettrés? Non, mais pour le peuple qui vivait et pensait au-dessous d'eux, tout en bas. C'est par le peuple, par lui seul, que notre langue s'est faite; c'est pourquoi le

peuple en possède si bien le génie et en conserve si bien la
tradition sans y penser. Ceux qui veulent trop y raffiner
n'ont jamais su que la déformer et la détruire.

Et comme une langue ne pousse pas tout d'un coup de
si profondes racines, en voyant ce qu'était le français au
ixᵉ siècle, je ne doute pas qu'il n'existât au viiiᵉ. Je crois permis d'affirmer que Charlemagne avait entendu parler français. D'un autre côté ce prince étant amateur de légendes et
chants populaires au point d'en avoir fait compiler un recueil, je ne vois nulle témérité à supposer que Charlemagne s'est essayé à parler français. Peut-être son génie avait-il
deviné tout ce que renfermait d'avenir cet idiome des pauvres
et des faibles : on ne peut guère douter que les canons des
conciles d'Arles et de Tours relatifs aux versions en langue
vulgaire n'aient été suggérés par l'empereur. Ce serait donc
Charlemagne qui, sur le point de descendre au tombeau,
aurait imprimé au français l'impulsion qui le lança jusqu'à
nous à travers dix siècles d'espace, et l'un des premiers ré-
sultats de ce bienfait aurait été un poëme consacré à la gloire
de Charlemagne et de son neveu Roland.

L'écrivain anonyme qu'on appelle l'Astronome, et qui
nous a laissé une Vie de Louis le Pieux rédigée sous le règne
de ce fils de Charlemagne, parlant de la journée de Roncevaux et des guerriers qui y périrent, s'exprime ainsi :
« Quorum quia vulgata sunt nomina supersedi. » Comment
les noms de ces preux étaient-ils devenus si populaires que
ce ne fût pas la peine de les rapporter? Ce ne peut être
que par les chants des jongleurs. Or Louis le Pieux est mort
en 840. Il existait donc quelque poëme sur Roncevaux
avant la première moitié du ixᵉ siècle.

Où la langue française nous apparaît-elle plus primitive, plus informe, si l'on veut, que dans le *Roland* de Theroulde? S'il en existe un monument, qu'on le produise, sinon l'épopée de Theroulde demeure, avec le livre des *Rois*, la plus ancienne composition en français proprement dit.

Enfin voici un argument moral qui vient fortifier les arguments en quelque sorte matériels que j'ai fait valoir jusqu'ici : c'est la manière dont le poëte a conçu et représenté le personnage de Charlemagne.

Lorsqu'après bien des luttes et des vicissitudes la chute des successeurs de Charlemagne fut enfin consommée, les débris de l'empire tombé furent au pillage, et la féodalité s'éleva triomphante sur ces ruines. A partir de ce moment, la couronne est asservie par ses grands vassaux; les seigneurs sont les tyrans du roi; et comme ils inspirent les poëtes, tous les poëmes sont consacrés à retracer cette lutte du vassal contre le suzerain. Dans cette peinture, nous voyons aussi le monarque sacrifié complétement, et tout l'intérêt porté sur le vassal révolté. C'est la réaction de l'esprit féodal contre le pouvoir absolu. Lisez *Gérard de Viane*, les *Quatre fils Aymon*, le roman de *Gaydon*, celui d'*Aiol*, tous les poëmes du XII° siècle, vous retrouvez partout le même dénigrement systématique : Charlemagne y joue le rôle d'un sot, ou peu s'en faut. Dépourvu de toute valeur personnelle, Charlemagne doit son lustre, tout l'éclat de sa renommée, au mérite des seigneurs qui l'entourent. Le duc Naymes de Bavière, son fidèle conseiller, est occupé sans relâche à prévenir ou corriger les fautes de son maître. Charles sans lui ne saurait que blesser et révolter ses meilleurs barons à force d'orgueil et d'injustices. A eux toutes

les vertus : à l'empereur toutes les faiblesses et tous les ridi-
cules.

Cette opposition féodale au pouvoir monarchique, commencée avant le xiie siècle, continue sans se ralentir jusqu'au xve, jusqu'à ce que le terrible Louis XI vienne enfin
briser l'orgueil des grands vassaux et mettre les rois *hors de
page.*

Ouvrez maintenant le poëme de Theroulde : quelle différence ! ici chaque vers respire le respect, l'amour, l'adoration
de Charlemagne; en Charlemagne se résume toute la grandeur, la force, la justice et la majesté humaines. Tandis que
dans les poëmes de l'âge suivant l'empereur ne vaut que
par son entourage, ici, au contraire, la cour n'a de relief
que par l'empereur. Charlemagne possède toutes les qualités
physiques comme il possède toutes les vertus morales; sa
taille imposante, sa longue barbe, la gravité de son main-
tien éveillent autour de lui le même respect mêlé de terreur
que faisait naître dans l'Olympe le noir sourcil du souverain
des dieux; on se sent voisin des temps karlovingiens. Dans
la composition de Theroulde, la foi est vive, la piété sincère,
l'imagination ardente, et cependant le détail est toujours
grave et sobre. La précision continuelle du *Roland* fait un
singulier contraste avec la verbosité diffuse des poëmes des
xiie, xiiie et xive siècles. Il semble que le seul nom du puissant empereur établisse encore autour de lui la discipline,
et contienne dans les limites de la sagesse et de la décence
les sentiments même le plus légitimement passionnés.

Comparez ce personnage de Charlemagne avec le Charlemagne que les *Quatre fils Aymon* nous montrent victime
des espiègleries insolentes d'un sorcier, ce Charlemagne que

Maugis endort sur son trône, et qui se réveille aux éclats de rire de sa cour, la tête couronnée d'un torchon à récurer la vaisselle, et tenant en main, au lieu de sa redoutable épée, un tison éteint :

> Et quand Roland le vist en tel establison,
> Ne se tenist de rire pour tout l'or d'Aragon,
> A Ogier le montra et au bon duc Naymon
> Et aux barons aussi qui là sont environ :
> Regardez, dist Roland, par le corps S. Simon,
> Vistes vous oncques Roy en tel condition ?

Voilà comment, dès le XII° siècle, les jongleurs s'étudiaient à dégrader ce nom héroïque et cette imposante mémoire, dont l'influence pouvait protéger la royauté au détriment des tyranneaux qui s'étaient partagé ses dépouilles.

Mais dans Theroulde Charlemagne est le favori du ciel, et si digne de l'être, qu'on ne peut être surpris de voir Dieu tantôt commettre ses anges au soin de veiller à son chevet, tantôt suspendre à sa prière les lois éternelles de la nature.

Aux yeux de ceux qui ont approfondi l'étude du moyen âge, ce dernier argument sera peut-être la preuve la plus concluante de l'antiquité très-reculée du poëme.

CHAPITRE IV.

De la bataille d'Hastings, et de Theroulde, auteur de ce poëme.

Les historiens de l'Angleterre les plus dignes de foi, Guillaume de Malmesbury, Mathieu Paris, Mathieu de Westminster, Albéric de Trois-Fontaines, etc., certifient qu'en 1066, à la journée d'Hastings, des vers d'un poëme sur Roland et Roncevaux furent chantés à la tête des troupes normandes pour enflammer le courage des soldats. Celui qui les chantait était un hardi jongleur, nommé Taillefer, qui en même temps exécutait sur son cheval, avec sa lance et son épée, cent tours d'adresse dont il étonnait et effrayait les Anglais. Écoutons Robert Wace :

> Taillefer qui moult bien cantoit
> Sur un roncin qui tost aloit
> Devant eux s'en aloit cantant
> De Carlemaigne et de Rolant
> Et d'Olivier et des vassaus
> Qui morurent en Rainscevaus.
> Quant il orent chevalcé tant
> K'as Engleis vindrent aprismant,
> Sire, dit Taillefer, merchi !
> Jo vus ai lungement servi,
> Tut mun servise me devez,
> Hui, se vos plest, me le rendrez :
> Por tut guerredun vus requier
> Et si vos voil forment preier
> Otriez me, ke jeo n'y faille,
> Le primier cop de la bataille.

Et li dus respunt : Jeo l'otrei.
Et Taillefer point a desrei ;
Devant toz les altres se mist,
Un Engleiz feri, si l'occit :
De soz le pis, parmi la pance
Li fist passer ultre la lance,
A terre estendu l'abati ;
Poiz trest l'espee, altre feri ;
Poiz a crié : Venez, venez !
Ke fetes vos ? Ferez, ferez !
Dunc l'unt Engleiz avironné
Al secund colp kil a doné.
Ez vos noise levee e cri,
D'ambedui part pople estormi.

(*R. de Rou,* v. 1319.)

« Taillefer, bon chanteur, monté sur un bidet agile, les précédait chantant des vers sur Charlemagne, Olivier, Roland et les braves qui moururent à Roncevaux.

« Quand ils eurent tant chevauché qu'ils se furent approchés des Anglais : Sire, dit Taillefer, une grâce : je vous sers depuis longtemps ; vous m'en devez le salaire, et s'il vous plaît, vous allez vous acquitter aujourd'hui. Pour toute récompense, je vous demande le premier coup de la bataille, et vous supplie que je n'en sois pas refusé. Et le duc répond : Je te l'accorde.

« Taillefer aussitôt pique des deux et prend le front de l'armée. Il frappe un Anglais sous la poitrine, et le fer de sa lance ressort de l'autre côté. L'Anglais tombe étendu mort. Taillefer tire son épée, en frappe un autre en criant : Venez ! venez ! que faites-vous ? Frappez ! frappez ! Donc au second coup qu'il porte, les Anglais l'enveloppent. La noise et le cri s'élèvent : les deux peuples s'entre-choquent, etc. »

Un autre chroniqueur, Geoffroy Gaimar, décrit plus longuement les tours que faisait Taillefer et l'attitude de l'armée anglaise. C'est un détail peu connu de cette mémorable journée, et qui n'a point d'analogue dans les mœurs guerrières des temps modernes :

Un des François donc se hasta,
Devant les altres chevaucha ;
Taillefer ert cil appelez ;
Jouglere hardiz esteit asez :
Armes aveit et bon cheval,
Ce ert hardiz et noble vassal.
Devant les altres cil se mist,
Devant Engleïs merveilles fist :
Sa lance prist par le tuet,
Si com ce fust ung bastonnet,
En contre mont haut la geta
Et par le fer reçue l'a.
Trois fois issi geta sa lance,
La quarte fois moult pres s'avance,
Entre les Engleis la launça,
Parmi le cors un en navra ;
Puis tret l'espee, arere vint
Et jeta l'espee qu'il tint,
En contre mont halt la receit.
L'un dit à l'autre ki ce veit
Que ce esteit enchantement.
Cil se fiert de devant la gent ;
Quant trois fois ot jeté l'espee,
Le cheval, la goule baee,
Vers les Engleis vint eslessé :
Auquanz cuident estre mangé
Par le cheval qu'issi baout ;
Li jongleour après venout :

De l'espee fiert un Engleis,
Le poing lui fist voler maneis;
Un altre fiert tant come il pout,
Mau guerredon le jour en out!
Car li Engleis de toutes parts
Si launcent javelocs et dards
Si l'occistrent et son destrier;
Mau demanda le cop premier!

(Chroniq. anglo-normandes, I, p. 7.)

« Donc un des Français se hâta et sortit des rangs à cheval ; on l'appelait Taillefer : c'était un hardi jongleur. Il avait armes et bon cheval. S'étant placé en avant des autres, il se mit à faire merveille devant les Anglais : il prit sa lance par le gros bout, et aussi facilement que si c'eût été un petit bâton, il la jette en l'air bien haut et la reçoit par le fer. Trois fois ainsi il la jeta ; la quatrième fois il s'avance tout contre, envoie sa lance au milieu des Anglais, dont il en blessa un parmi le corps. Après il tire son épée, recule et la jette aussi bien haut, et la reçoit tout de même par la pointe. Les spectateurs se disent l'un à l'autre que c'est enchantement, et lui, quand il eut trois fois lancé son épée, se pousse en avant ; son cheval la bouche béante fit un élan vers les Anglais, dont beaucoup s'imaginent être avalés par le cheval qui bayait de la sorte. Le brave jongleur porté dessus frappe un Anglais de son épée, et lui fait incontinent voler le poing. Il en frappe un second de toute sa force, mais il en eut tout aussitôt mauvais guerdon, car de toutes parts les Anglais lui lancent dards et javelots, si bien que son cheval et lui, ils les tuèrent. Mal lui en prit d'avoir réclamé l'honneur du premier coup ! »

Le poëme latin de Guy sur la bataille d'Hastings n'oublie
pas Taillefer :

> Histrio cor audax nimium, quem nobilitabat
> Agmina præcedens innumerosa ducis,
> Hortatur Gallos verbis et territat Anglos;
> Alte projiciens ludit et ense suo.....
> *Incisor-ferri* mimus cognomine dictus.

Il n'est pas oublié non plus dans la tapisserie de la reine
Mathilde, où il est représenté dans le moment décrit par les
historiens et les poëtes. J'ai cru devoir exhumer ces glorieux
témoignages en l'honneur d'une mémoire depuis si longtemps perdue, comme celle de tant de héros ensevelis dans
un oubli séculaire, *carent quia vate sacro.*

On ne s'étonnerait donc pas de trouver les souvenirs de
Roncevaux et de Roland fixés en Angleterre à partir de
l'invasion normande; mais ce qui surprendra davantage, c'est
de les y voir établis avant cette époque. C'est cependant un
fait incontestable que les soldats de Guillaume trouvèrent
dans le pays de Galles un lieu appelé *Roland*, auquel se rat-
tachait la tradition d'une épouvantable déroute :

« Hugues le Loup et ses lieutenants bâtirent un fort à
« *Ruddlan* [1], et l'un de ces lieutenants changea son nom en
« celui de Robert de *Ruddlan*..... Ils livrèrent un combat
« meurtrier près des marais de *Ruddlan*, lieu déjà noté
« comme funeste dans la mémoire du peuple cambrien à
« cause d'une grande bataille perdue contre les Saxons, vers
« la fin du viiie siècle. Un singulier monument de ces deux

[1] *Rutlandus, Rotlandus, Rollandus,* formes équivalentes du nom de Roland.

« désastres nationaux subsistait encore il y a peu d'années
« dans le pays de Galles : c'était un air triste, sans paroles,
« mais qu'on avait coutume d'appliquer à beaucoup de sujets
« mélancoliques. On l'appelait l'air des marais de *Ruddlan.* »

　　　　　(*Hist. de la Conquête des Normands*, I, 425.)

Si l'on voulait nier que ce fussent là des souvenirs de
notre Roland, il faudrait admettre des coïncidences et des
hasards bien plus extraordinaires : un Roland dans le pays de
Galles; une grande bataille perdue aussi à la fin du viiie siècle;
perdue contre les Saxons, disent les Gallois, mais qui ne
sait comment la légende s'accommode au pays qui l'adopte?
Les trouvères auteurs des romans sur Charlemagne ont
changé tant de fois les Saxons en Sarrasins, qu'il n'est pas
surprenant de trouver une fois les Sarrasins changés en
Saxons par les Anglais. Le nom de Roland s'est substitué à
celui de Roncevaux. Et cet air de Roland, cet air dont les
paroles avaient disparu au xviiie siècle, mais que la tradition
appliquait encore à tous les sujets mélancoliques, ne serait-ce
pas la mélopée sur laquelle Taillefer avait, à la journée
d'Hastings, chanté les vers de Theroulde?

Mais comment les aventures de Roland auraient-elles
pénétré en Angleterre avant la conquête, et y seraient-elles
devenues populaires? L'histoire n'offre pas de problème plus
facile à résoudre. Le dernier roi de race saxonne, Édouard
le Confesseur, avait été élevé à Rouen chez son oncle, le
duc Richard. Le témoignage contemporain d'Ingulphe n'est
point équivoque : Édouard était revenu de Normandie un
véritable Français, ou peu s'en faut (*penè in Gallicam trans-
ierat*). Il monta sur le trône en 1043, traînant à sa suite,
dit Ingulphe, une foule de Normands qu'il promut à tous

les emplois élevés. Selon toute apparence, ce grand amateur de notre langue ne se borna pas à transporter des
hommes; il exporta aussi des livres français : le *Roland* aura
passé le détroit dans les bagages d'Édouard, d'où il ne tarda
pas à s'échapper et à courir de main en main par le pays;
car la cour, toujours empressée de se modeler sur le souverain, ne s'occupait que de langue et de modes françaises,
et chacun, manant ou bourgeois, pour se donner le bel air
aristocratique, se mit à parler français (*Gallicum idioma tan-
quam magnum gentilitium loqui*). Enfin l'influence de nos
mœurs en vint à ce point qu'on rougissait du nom d'Anglais
et des mœurs anglaises (*et propriam consuetudinem in his et in
aliis multis erubescere*). Guillaume, comme on voit, trouva
l'Angleterre bien préparée: Édouard y avait installé Roland;
Roland servit d'introducteur à Guillaume, et aujourd'hui le
nom du *Rutlandshire* témoigne encore de l'ancienne influence
française dans la Grande-Bretagne.

De tout ce qui précède il résulte positivement qu'il existait, au commencement du xie siècle, un poëme sur Roland
et Roncevaux. Ce poëme, chanté à Hastings, est-il celui
qui fait l'objet de ce travail? Il me paraît du moins assuré
par tous les indices tirés du texte que ce pourrait être lui,
puisque ce texte est au moins du xie siècle, et qu'on n'en connaît pas de plus ancien sur le même sujet.

Peut-être serait-il possible de tirer de la personne de l'auteur quelque supplément de lumière qui viendrait bien à
point dans une matière si remplie d'obscurité; mais de cet
auteur nous ne savons que ce que lui-même nous en apprend, son nom : il s'appelait Theroulde. Ce nom est un
des plus communs dans les Annales normandes du ixe au

xiiie siècle. Chercher à démêler un Theroulde dans la foule de ses homonymes, c'est à peu de chose près comme si l'on voulait aujourd'hui retrouver la trace d'un individu et constater son identité avec ce seul renseignement qu'il s'appelait Duval ou Dubois; et l'intervalle de huit siècles n'aggrave pas médiocrement la difficulté de l'entreprise.

Toutefois je me suis obstiné à suivre ce problème, et voici, après de longues recherches, ce qui me paraît le plus voisin de la probabilité.

Robert le Diable avait nommé gouverneur de son petit bâtard Guillaume, Gilbert, comte d'Exmes; et sous les ordres de Gilbert il y avait un précepteur nommé Theroulde. En 1034, l'abbaye des bénédictins des Préaux est fondée à un mille de Pont-Audemer par Onfroy de Vieilles, fils d'un Theroulde[1]. A cette solennité le duc de Normandie se fit représenter par son fils, enfant de six ans, qui déposa sur l'autel la donation faite par son père à l'abbaye naissante de la ferme de Toustainville. Je laisse parler la charte de fondation :

« Robert de Normandie donna à S. Pierre des Préaux
« une ferme de son domaine appelée en vulgaire Toustain-
« ville ; en reconnaissance de laquelle le fondateur des Préaux
« donna à Robert douze livres d'or, deux vêtements de soie
« et deux chevaux du plus grand prix. Le tout fut porté à Fé-
« camp et accepté. Le fils de Robert, Guillaume, n'était alors
« qu'un petit enfant; mais comme il devait succéder à son
« père, son père l'envoya aux Préaux pour déposer de sa
« main sur l'autel l'acte de donation de Toustainville. A cette
« cérémonie assistèrent le vieux Nigel Theroulde, à qui le

---

[1] Umfridus de Vetulis, Turoldi filius, duo cœnobia Pratellis inchoavit. (ORDERIC VITAL, Histor. de Fr. XI, 223.)

« comte Robert fit présent d'un des chevaux susdits; Raoul le
« camérier, fils de Gérald; Goszlin le Roux, de Formeville;
« Onfroy, le fondateur du couvent, avec ses deux fils Roger
« et Robert Guillaume, à qui son père donna un soufflet
« pour lui graver le fait dans la mémoire. Un autre soufflet
« fut donné à Richard de Lillebonne, qui portait l'outre de
« vin du comte Robert. Cet enfant demanda pourquoi il avait
« reçu cet énorme soufflet : C'est, lui répondit Onfroy, parce
« que tu es beaucoup plus jeune que moi : selon toute appa-
« rence tu me survivras, et, dans l'occasion, tu rendras témoi-
« gnage de tout ceci. Il y eut un troisième enfant souf-
« fleté, Hugues, fils du comte Waleran. »

(D. Bouquet, XI, p. 387.)

Le vieux Nigel Theroulde, cité dans le corps de cette
charte, et qui figure aussi parmi les signataires, est-il Theroulde le précepteur du petit Guillaume, ou Theroulde le
père du fondateur de l'abbaye? Il est bien vraisemblable que
les deux n'en faisaient qu'un, et que Theroulde, père d'Onfroy de Vieilles, conduisait en même temps son petit élève
Guillaume à cette solennité.

L'année suivante, en 1035, la Normandie étant, par suite
de la mort de Robert, livrée à toutes les calamités de la
guerre civile, le comte Gilbert fut assassiné dans un guet-
apens. Il était sorti le matin pour se promener à cheval, et
causait tranquillement, dit Guillaume de Jumiéges, avec son
compère Gascelin de Pont-Erchenfroy, lorsque le crime fut
commis, par les ordres de Raoul de Gaçay. Theroulde le précepteur, qui se trouvait en leur compagnie, périt avec eux[1].

---

[1] Deinde Turoldus teneri ducis pædagogus perimitur. (Willelmus Gemet.
l. VII.)

Benoît de Sainte-More donne à Theroulde la qualification du plus intime chambellan du jeune prince.

> Sis plus demaines chambrelens
> Ains que passast gaires de tens,
> (Toroude aveit nom, ce m'est vis,
> Sages, corteis e bien apris)
> Li r' ocistrent a grant delei :
> Onques né sut li dus por quei.

Mais cela n'importe : si Theroulde peut être soupçonné
d'être l'auteur du *Roland,* c'est en sa qualité de précepteur,
et non à cause de sa dignité de chambellan, encore que l'auteur de la Henriade ait été chambellan du roi de Prusse.

Ici le fil se brise : on verra plus loin pourquoi je le rattache à un Theroulde, bénédictin de la célèbre abbaye de
Fécamp.

Celui-ci, homme de tête et de cœur, suivit Guillaume à la
conquête; et immédiatement après la victoire d'Hastings,
Guillaume lui donna l'abbaye de Malmesbury en reconnaissance des grandes obligations qu'il lui avait. Quelles obligations et de quelle nature? L'histoire ne le dit pas. On peut
supposer que cette nomination récompensait l'auteur des
vers sur Roland et Charlemagne qui, chantés par Taillefer,
animèrent si bien la valeur des soldats français.

Je trouve aussi un moine de Fécamp mêlé dans une
anecdote qui précéda de quelques semaines la journée
d'Hastings. Guillaume de Malmesbury se contente de mentionner le fait sommairement; le biographe de Guillaume
est beaucoup plus explicite.

Un jour, dit-il, le duc de Normandie se promenait au

bord de la mer, inspectant ses forces navales. On lui vient annoncer l'arrivée d'un religieux porteur de paroles d'Harold. Sur-le-champ Guillaume l'aborde : Je suis parent et officier du duc de Normandie : vous ne pourrez lui parler sans ma permission. Dites-moi votre message : il l'entendra avec plaisir de ma bouche, car je suis l'homme du monde qu'il aime le mieux : plus tard, vous le lui répéterez en ma présence. Le religieux de bonne foi récite son discours. C'était une sommation à Guillaume de retirer ses troupes du sol anglais, appartenant à Harold. Le lendemain Guillaume fait appeler l'envoyé, et le reçoit au milieu de sa cour : Répète-moi devant eux ce que tu m'as dit hier. Le moine répète; Guillaume avait eu le temps de préparer sa réponse : Si j'envoyais à ton maître, te charges-tu de garantir la vie de mon messager?—Comme la mienne propre. Guillaume alors fait venir un moine de Fécamp, et l'instruit en particulier. Le bénédictin de Fécamp part en compagnie de son guide, et porte à Harold trois propositions que lui faisait Guillaume : ou quitter le trône au duc de Normandie, sous certaines conditions dont on conviendrait; ou régner sous l'autorité de Guillaume, et en lui faisant hommage; ou vider le différend sans compromettre personne qu'eux-mêmes dans un combat singulier.

Harold, à ce discours, pâlit, resta longtemps muet. Il répondit enfin : Nous verrons cela; et une seconde fois : Nous verrons. Le moine de Fécamp insistant pour avoir quelque chose de plus net, et que le duc de Normandie ne voulait pas le choc de deux armées, mais un simple duel, Harold, les yeux levés au ciel, dit : Que le Seigneur juge entre lui et moi.

Guillaume de Malmesbury raconte la fin un peu différemment : Harold, dit-il, eut l'impudence, ou, pour user d'un terme plus doux, l'imprudence de faire très-mauvais accueil au moine envoyé par Guillaume : il le chassa violemment.

D'autres chroniqueurs encore mentionnent ce fait, mais nulle part je n'ai pu découvrir le nom du moine de Fécamp. S'appelait-il Theroulde ? Est-ce lui qui fut, après Hastings, nommé à l'abbaye de Malmesbury ? Cette nomination était-elle le prix de ses services diplomatiques ou de ses vers patriotiques, ou de tous deux à la fois ? Je ne décide rien. Je borne mon rôle à rechercher les faits, à les présenter dans leur exactitude et leur simplicité, laissant aux lecteurs le soin d'en tirer telles inductions qu'il appartiendra.

Suivons le récit dans mon hypothèse.

A Malmesbury, Theroulde, un étranger, un intrus, qui dépossédait un indigène, fut mal accueilli des moines. Leur ressentiment se montre à nu dans ce passage de leur chroniqueur :

« L'abbé Bithric fut nommé par le roi (Édouard le Confesseur), et gouverna glorieusement durant sept années. Mais Guillaume devenu de comte de Normandie roi d'Angleterre, poussa dehors l'abbé Bithric pour mettre à sa place un certain Theroulde, un Normand, auquel il avait de grandes obligations (*qui eum magnis demeruerat obsequiis*). Toutefois Guillaume ne tarda pas à reconnaître son tort, et fâché d'avoir été circonvenu par une ambition impatiente, il indemnisa l'exilé par le don de l'abbaye de Burthuna. Ce Theroulde, qui traitait ses moines en vrai tyran, fut ensuite transféré par le roi à Péterborough, riche abbaye, mais située au sein de marais, et, comme telle, exposée au pillage de la bande d'Hereward. Par la gloire-Dieu, dit le roi, puis-qu'il fait mieux le soldat que l'abbé, je lui trouverai un compère qui lui prêtera le collet : qu'il s'en aille là-bas montrer ses talents militaires et préluder aux combats ! »

La passion du moine anglais ne prend pas la peine de se dissimuler [1]; sans nous arrêter à discuter les paroles qu'il met dans la bouche de Guillaume le Conquérant, suivons Theroulde à Péterborough.

Ici nous avons encore affaire à des mécontents, rien n'est plus naturel : Guillaume, occupant l'Angleterre, introduisit partout le clergé normand, aux dépens des Anglais. Pour les Normands étaient tous les opulents bénéfices, et Guillaume, en cela, satisfaisait à la fois sa politique et la justice, car le clergé normand, de l'aveu même des historiens anglais, était bien supérieur par les lumières et la capacité au clergé de la Grande-Bretagne [2]. Mais les Anglais étaient jaloux, on le conçoit, et n'épargnaient pas leurs rivaux.

---

[1] La Chronique anglo-saxonne est moins partiale : « Alors les moines de Péterborough apprirent que le roi avait donné l'abbaye à un abbé français nommé Theroulde, et que ce Theroulde était « un homme très-sévère » (*virum valdè rigidum*). Cette rigidité n'était pas pour plaire au clergé fainéant et dissolu d'Angleterre. » Observez que la Chronique anglo-saxonne est l'ouvrage d'un contemporain de Guillaume le Conquérant.

[2] Je m'en rapporte à Guillaume de Malmesbury lui-même : « Longtemps avant la descente des Normands, les études, par rapport aux lettres comme par rapport à la religion, étaient absolument tombées. Les clercs, se conten-tant d'une apparence de littérature, étaient à peine capables de balbutier les paroles des sacrements. Un clerc connaissant la grammaire était pour les autres un phénomène, un prodige! (*Clerici..... vix sacramentorum verba balbutiebant. Stupori et miraculo erat cæteris qui grammaticam nosset.*) » (Ap. D. Bouquet, XI, 184.)

Tous les témoignages sont unanimes à cet égard.

La chronique de Jean de Péterborough mentionne à son rang l'abbé Theroulde : il arriva en 1069, à la place de feu l'abbé Brandon, de race saxonne, et oncle, notez ce point, de cet Hereward, surnommé *l'Éveillé*, qui, à la tête d'une troupe de Danois, faisait aux conquérants étrangers une guerre de partisans terrible, implacable, dont les détails remplissent les chroniques contemporaines.

Jean de Péterborough est assez bref sur le compte de l'abbé Theroulde : il n'oublie pas cependant de lui reprocher avec amertume soixante-deux fiefs militaires créés aux dépens de la fortune de l'abbaye, et cela pour se donner des défenseurs contre les attaques d'Hereward et de ses bandits; mesure odieuse aux yeux des moines, et qui n'empêcha pas leur abbé de tomber, lui et les siens, aux mains de son ennemi, d'où il ne put se tirer que par une rançon de trente mille marcs d'argent.

A la date de 1098, l'historien inscrit la mort de Theroulde, « abbé de Péterborough, qui fieffa des militaires avec les terres de l'Église, et construisit un fort dans l'abbaye. Il nous avait fait bien d'autres maux ! C'ÉTAIT UN ÉTRANGER. *Hic erat alienigena.* »

Hugues Whyte ou le Blanc, autre chroniqueur et moine de Péterborough, n'est pas si dédaigneusement laconique à l'égard de l'abbé Theroulde, mais il est loin de lui être plus favorable. Son récit, intéressant comme tableau de mœurs, contient des particularités importantes pour la question qui nous occupe. C'est pourquoi je ne craindrai pas d'en présenter un extrait plus étendu.

« En ce temps-là, dit Hugues le Blanc, un comte danois appelé Osberne, un évêque chrétien et d'autres avec eux se

jetèrent dans l'île d'Ély. Hereward les rejoignit avec sa troupe,
et ils faisaient ensemble tous les maux du monde. Hereward
les engageait, les poussait à une incursion sur l'abbaye de Péterborough, dont ils pilleraient toutes les richesses en or, en
argent et divers objets précieux. Il savait que notre abbé
était mort, que le roi avait donné l'abbaye à un moine normand appelé Theroulde, et que ce Theroulde, homme
sévère à l'excès, était pour le moment à Stanford avec ses
gardes : ils n'avaient donc qu'à y courir pour s'emparer de
tout ce qu'ils y trouveraient. »

Ce conseil est mis à exécution ; mais les moines s'enferment
dans le monastère, et soutiennent le siége si vaillamment,
que les Danois, pour dernière ressource, mettent le feu à
l'abbaye. Hugues dépeint le sac du couvent et le pillage au
milieu de l'incendie :

« Ils se jetèrent dans l'église tout armés comme ils étaient,
et tentèrent d'arracher la grande croix : mais ils n'en purent
venir à bout. Il leur fallut se contenter d'enlever la couronne
d'or et de pierreries du crucifix, avec l'escabeau de ses pieds,
également d'or pur et enrichi de pierres précieuses. Ils prirent
deux châsses d'or et neuf châsses d'argent richement garnies
d'or et de diamants, et douze croix, les unes d'or, les
autres d'argent, avec des diamants et de l'or. Cela ne leur
suffit point : ils montèrent dans la tour, et s'emparèrent
d'une grande table que les moines y avaient cachée, toute
d'or, d'argent et de pierres précieuses, et qui d'ordinaire
servait de devant d'autel. Enfin, ils prirent de l'or, de l'argent, des objets divers, ornements et livres, pour une valeur qu'il est impossible de dire ni d'apprécier. Il n'y avait
rien de pareil dans toute l'Angleterre. Encore prétendaient-

ils que ce qu'ils en faisaient, c'était pour le bien de l'Église,
attendu que ces trésors lui seraient mieux gardés par les
Danois que par les Français. Il faut remarquer, en effet,
que leur chef Hereward était sujet de l'abbaye, et que les
moines se fiaient assez en lui. Et lui aussi jura plus tard
n'avoir rien fait qu'à bonne intention, dans l'idée qu'ils
renverseraient le roi Guillaume et seraient après lui les
maîtres de la terre. »

Rien n'avait fait connaître d'avance cette bonne intention
des voleurs; aussi, à la première nouvelle de leur approche,
le secrétaire de l'abbaye s'était-il réfugié à Stanford, auprès
de l'abbé, emportant dans sa fuite une quantité considérable
de croix, calices, chasubles, etc. etc. On peut juger ce que
l'abbaye en possédait. « Tout ce qui fut remis à l'abbé Theroulde fut sauvé; mais tout ce qu'ils avaient pris fut perdu
sans remède! » C'est Hugues lui-même qui fait cette réflexion mélancolique. Les bandits, craignant le retour des
Normands, se rembarquèrent à la hâte, et allèrent cacher
leur proie dans leur repaire d'Ély. Tout était brûlé, sac-
cagé : les moines se dispersèrent comme des ouailles sans
pasteur : il ne resta dans le couvent ruiné qu'un seul religieux, qui était malade à l'infirmerie.

Les brigands avaient fait prudemment de se hâter : le
jour même de leur départ, l'abbé Theroulde arrive avec
cent quarante Normands bien armés... Trop tard! de toute
l'abbaye, l'église seule restait debout !

Les Danois avaient aussi emmené des prisonniers, et
parmi eux le prieur du couvent, Adelwold, à qui ils pro-
posèrent de le conduire en Danemarck et de l'y faire
évêque, apparemment pour avoir l'absolution à portée et à

souhait. Ce prieur était un homme rusé : il feignit d'ouvrir l'oreille à la proposition, et se mit au mieux avec les pirates. Or, une nuit qu'ils faisaient la débauche, s'aidant de ferrements qu'il s'était procurés, le prieur ouvre adroitement les châsses, en extrait les saintes reliques, et les fait passer en dépôt chez les moines de Ramsay.

Cependant tout s'arrange : les Danois rentrent dans leur pays ; les moines fugitifs reviennent se placer sous l'aile de leur abbé, et le service divin reprit sa marche après une interruption de sept jours : toute cette tragédie n'avait duré qu'une semaine.

Mais, qui s'y fût attendu ? les moines de Ramsay refusèrent alors de rendre le sacré dépôt commis à leur garde par le prieur de Péterborough ! Ils voulaient retenir les saintes reliques, dit Hugues ; « mais, de la grâce de Dieu, « leur dessein ne réussit pas: l'abbé Theroulde les menaça « de brûler leur couvent, et ils restituèrent. »

On voit que l'abbé Theroulde était effectivement un homme d'énergie et fait pour tenir tête au saxon Hereward et à ses Danois. Ce fut sans doute afin de prévenir le retour d'une pareille catastrophe, qu'en relevant son abbaye, il fit construire attenant à l'église une forteresse, un véritable donjon qui se voit encore dans les plans conservés de l'abbaye de Péterborough[1], et qui reçut le nom de *mont Theroulde* ou *bourg Theroulde*[2], c'est-à-dire la forteresse de Theroulde. Mais tout devient crime de la part de celui qu'on

[1] Apud GUNTON.

[2] Le bourg Theroulde (*burgus Turoldi*), près de Rouen, suivant l'opinion de M. A. Le Prevost, fut fondé par un Theroulde, frère d'Achard de Bourg-Achard. Du moins, dans une charte de Robert Ier en faveur de saint Wan-

regarde en ennemi : Hugues le Blanc ne pardonne pas cette
forteresse à l'abbé normand ; il ne voit qu'une chose, la di-
minution des trésors de l'abbaye, et ne considère rien au
delà de ce fait douloureux : « L'abbé Theroulde non-seule-
« ment n'y ajouta point, mais encore des terres bien amas-
« sées, il les dissipa entre ses parents et ses soldats qu'il avait
« attirés à Péterborough. » Ici la liste des soixante-deux fiefs
militaires avec la généalogie des tenants et de leur famille.
On remarque dans le nombre un Theroulde de Milton et
un Theroulde de Sutton.

Ce que je vois de plus clair dans tout cela, c'est que notre
Theroulde, par le fait même qui lui est reproché, a été le
fondateur de la ville de Péterborough.

« Mais, dit Hugues le Blanc, il aliéna les biens de l'Église
« à ce point que l'abbaye qui valait à son arrivée 1,500 livres,
« n'en valait plus que 500 à sa mort ! » Aussi les moines s'em-
pressèrent-ils de racheter du roi le droit d'élire leur abbé.
Ils en furent quittes pour 300 marcs d'argent.

(HUGO CANDIDUS, p. 64.)

Voici un autre grief qu'il ne faut pas omettre : « A une
« certaine époque l'abbé Theroulde nomma secrétaires deux
« moines de son pays, qui volèrent une excellente chasuble
« provenant de l'archevêque Elwric, laquelle reluisait comme
« de l'or dans la maison du Seigneur. Avec cette chasuble ils
« prirent encore beaucoup d'objets précieux qu'ils emportè-
« rent outre-mer, et dont ils enrichirent le monastère des
« *Préaux* [1]. »

---

drille, les signatures de ces deux personnages se suivent-elles immédiatement. (Voy. le Mém. de M. A. Le Prevost, t. II des *Archives normandes*.)

[1] HUGO CANDIDUS, p. 63, ap. Sparke.

6

Que l'accusation soit ou non fondée, peu nous importe; mais l'abbé Theroulde avait donc des relations avec le monastère des Préaux? Il avait donc quelque motif de porter un intérêt particulier à ce monastère, fondé, nous l'avons vu, par Onfroy de Vieilles, fils d'un Theroulde? Peut-être l'abbé Theroulde, de Fécamp, était-il uni par des liens de famille à Theroulde, précepteur de Guillaume le Bâtard; peut-être était-il un troisième fils de ce même Theroulde? Parmi ces militaires fieffés des biens de l'abbaye je remarque Roger de Beaumont, frère d'Onfroy de Vieilles et fils de Théroulde le précepteur.

Que ce fût à cause de son père ou par un autre motif, il est sûr que l'abbé Theroulde, de Péterborough, fut constamment lié avec la famille de Guillaume le Conquérant. Le *Domesday-book* fut rédigé durant sa prélature [1], et, selon toute apparence, Theroulde fit partie dans sa province d'une de ces commissions chargées de surveiller le recensement et d'en assurer l'exécution fidèle. Lui-même figure au *Domesday-book* pour une dotation antérieure au recensement. On le voit également lié d'une étroite amitié avec le neveu de Guillaume, Yves Taillebois, qui l'aida à repousser vigoureusement les attaques d'Hereward. Yves Taillebois, probablement la souche des Talbot, en considération de l'abbé Theroulde, légua à l'abbaye de Péterborough une partie de ses vastes domaines d'Hoyland [2], et sans doute que la protection d'un ami de la famille royale eut encore d'autres bons effets pour le monastère. Hugues le Blanc n'est donc pas

---

[1] During the time of this abbot the domesday register was compiled. (DUGDALE, I, 349.)

[2] INGULPHE, ap. Gale, p. 71.

recevable à prétendre que pendant les vingt-huit années de son gouvernement l'abbé Theroulde «magis obfuit abbatiæ «quam profuit.»

L'animosité du chroniqueur de Péterborough ne se relâche jamais. Si l'on veut l'en croire, «l'abbé Theroulde, à «une autre époque, avait acheté l'évêché de Beauvais, et il «y porta quantité des ornements de notre église, qui presque «tous furent perdus. Son séjour à Beauvais ne fut pas long : «il y resta trois jours, et le quatrième il fut chassé par les «clercs. Il revint alors en Angleterre, et moyennant une «grosse somme donnée au roi, il put rentrer dans son abbaye.»

Ce récit est visiblement un conte inventé pour rendre Theroulde odieux et méprisable. Comment les clercs d'un diocèse auraient-ils pu chasser leur évêque au bout de trois jours? D'ailleurs, le *Gallia christiana*, dans la liste des évêques de Beauvais, ne porte pas le nom de Theroulde, et n'indique aucune vacance où il fût possible de l'introduire.

Gunton, dans son Histoire du monastère de Péterborough, défend l'abbé Theroulde contre toutes ces imputations calomnieuses. Sa mémoire, dit-il, était restée en honneur parmi les moines de Péterborough, et la preuve en est qu'on faisait sa commémoration annuelle. Le calendrier de l'abbaye, imprimé dans l'ouvrage de Gunton, met cette commémoration à la date du 12 avril, qui est apparemment celle de la mort de l'abbé Theroulde.

Hugues fait observer que l'abbé Theroulde mourut deux ans après que le pape Urbain eut prêché la première croisade au concile de Clermont. Sans doute il y avait longtemps que cette pensée de soulèvement fermentait dans les cœurs lorsque se fit l'explosion qui embrasa tout l'Occident. Aussi dans le poëme de Roncevaux sent-on déjà le souffle de l'esprit des croisades : les derniers vers indiquent le départ de Charlemagne pour la Palestine, et c'est l'ange de Dieu lui-même qui transmet cet ordre à Charlemagne, afin de montrer la France l'instrument direct du ciel, *Gesta Dei per Francos*, et de relier les succès de l'avenir aux plus glorieuses traditions du passé.

Voici maintenant une circonstance frappante, à mon avis, un véritable trait de lumière. Les premières traces d'un poëme français sur Roland et Roncevaux, où les découvre-t-on? En France? non; en Angleterre, sur une liste de livres du XIIᵉ siècle. Et dans quelle partie de l'Angleterre se trouvaient ces livres? dans l'armoire aux manuscrits de la cathédrale de Péterborough. C'est là qu'existaient deux exemplaires de la *guerre de Roncevaux, en français, avec d'autres poésies*[1]. Comment ces manuscrits se trouvaient-ils là? Apparemment ce n'étaient pas les moines saxons qui les y avaient fait venir. N'est-il pas plus croyable qu'ils avaient été apportés et mis dans le dépôt par l'abbé Theroulde, comme son œuvre ou plutôt celle de son père, le précepteur de Guillaume le Conquérant?

Et il ne paraît pas improbable que le manuscrit d'Oxford, aujourd'hui unique, soit l'un des deux exemplaires de la cathédrale de Péterborough. En effet, ce manuscrit est du XIᵉ siècle, et contient d'autres poëmes français. C'est un petit in-4° exécuté rapidement avec bon nombre de fautes et d'omissions. La lettre en est toute semblable à l'exemple 3 de

---

[1] *De bello valle Runciæ, cum aliis; Gallicè.* — *Bellum contra Runciæ vallem; Gallicè.* (P. 220 de Gunton, qui donne ce catalogue entier.)

la planche VI de la Paléographie de M. N. de Wailly, exemple qui est de l'année 1009. L'exclamation guerrière AOI
(*à voie, en route, allons!*) est tracée à la marge de distance
en distance[1]. Il semble que ce manuscrit fût le *vade mecum*,
l'aide-mémoire de Taillefer lui-même. Et pourquoi non? la
fortune a bien d'autres bizarreries! La tapisserie de la reine
Mathilde, monument beaucoup plus fragile qu'un livre sur
vélin, est bien venue jusqu'à nous.

CHAPITRE V.

M. Fauriel réfuté. — D'où viennent les répétitions dans les romans
karlovingiens.

Après avoir parlé du mérite de composition et de la forme
du *Roland*, je ne puis passer sous silence l'opinion d'un
homme dont le nom fait autorité dans ces matières, c'est
M. Fauriel.

M. Fauriel, dans son Histoire de la poésie provençale, a
traité de l'épopée karlovingienne, et par occasion du *Roland*,
qu'il paraît avoir lu à la hâte et sans en avoir apprécié toute
la valeur. On voit que M. Fauriel avait mieux étudié *Gérard
de Viane*, *Guillaume au court nez*, le roman d'*Aiol*, etc. Il ne
parle guère du *Roland* que pour y relever un détail dont

---

[1] M. Éd. du Méril observe que « toutes les tirades de la chanson de Roland
« sont terminées par des neumes. » (*Mél. archéol.* 364.) J'ignore où M. du Méril a puisé ce renseignement, mais il est complétement inexact : le ms. n'offre
aucun vestige de neumes ni d'autre notation musicale.

il est surtout frappé, ce sont les répétitions : on rencontre le
même fait exposé deux ou même trois fois de suite, sans
presque d'autre changement essentiel que celui de la rime.
Il cite pour exemple les adieux de Roland à son épée, au moment où il s'apprête à la briser, afin d'éviter qu'elle ne tombe
après sa mort aux mains des Sarrasins. Roland, dans cette tou-
chante apostrophe, rappelle à son épée tous les faits d'armes
qu'ils ont accomplis ensemble : il termine en déchargeant
de toute la force de son bras un coup de Durandal sur un
des rochers ou perrons de marbre placés à sa portée. Mais
la bonne lame n'en est pas même ébréchée. Roland recom-
mence un second éloge de Durandal qui aboutit à un second coup d'épée aussi inutile que le premier : l'acier grince
sur le second perron, mais n'est pas émoussé. Que croyez-
vous, dit M. Fauriel, qui vienne après? Un troisième éloge
de Durandal, aboutissant à un troisième coup sans autre
résultat que les deux premiers! Et comme, selon les usages
de la littérature du xixᵉ siècle, il suffit de dire les choses une
fois, M. Fauriel conclut que le texte que nous possédons
du *Roland* est l'œuvre d'un copiste sans intelligence qui
avait sous les yeux trois leçons diverses du même passage,
et, au lieu de choisir entre elles la meilleure, les a trans-
crites à la suite l'une de l'autre. Ainsi nous n'avons qu'une
rédaction confuse et interpolée d'où la critique moderne
doit s'efforcer de dégager la rédaction primitive.

A la simple lecture d'une telle assertion, on se demande
s'il est possible de supposer un copiste aussi profondément
inepte : ce copiste aurait donc doublé, triplé sa besogne de
gaieté de cœur? et s'il avait sous les yeux trois rédactions
du même ouvrage, pourquoi a-t-il choisi de répéter tel dé-

tail préférablement à tel autre? qu'est-ce qui le guidait?
qu'est-ce qui le déterminait? Enfin, comment se fait-il que
dans ces leçons doubles et triples, provenant d'autant de rédactions différentes, il soit impossible de saisir la moindre
différence de style, la plus légère nuance? Ce sont des objec-
tions auxquelles M. Fauriel n'a pas songé; que n'a-t-il au
moins pris la peine de lire jusqu'au bout avec un peu d'attention : il-eût clairement vu que la répétition dont son bon
goût s'offense n'est point le fait d'un copiste, qu'elle entrait
dans le plan de l'auteur, puisque Charlemagne arrivant sur
la place où gît le corps inanimé de son neveu,

> Les colps Rollant connut *en treis perruns.*

Ainsi l'intention du poëte n'est pas douteuse.

M. Fauriel aurait pu citer de même l'endroit où Olivier,
avant l'engagement, prévoyant la défaite des Chrétiens, ex-
horte Roland à sonner de son cor pour rappeler Charlemagne et l'avant-garde. Au lieu de dire, avec la rapidité de
l'art moderne : « Trois fois il l'en pressa, trois fois Roland
refusa, » Theroulde a rapporté tout au long et les trois som-
mations d'Olivier, et les trois refus de Roland. Il ne fait que
changer la rime de ses couplets, les mots d'ailleurs sont
presque les mêmes :

> Compains Rollans, sunez vostre olifant, etc.

— « Je ne cornerai pas pour des payens!

> Compains Rollans, car sunez vostre cor, etc.

— « A Dieu ne plaise qu'on puisse jamais dire que j'ai
corné pour des payens!

> Compains Rollans, l'olifant car sunez, etc.

— « Ce serait un reproche éternel à toute ma race si j'a-
vais corné pour des payens! Frappons, moi de Durandal,
et vous de Hauteclaire ! »

Theroulde s'est imaginé que ce procédé ferait mieux ressortir l'obstination des deux paladins. Il ajoute tristement
cette réflexion : Roland est preux, mais Olivier est sage!
Aussi quel effet obtient le vieux poëte, lorsque Roland
voyant tout perdu, dit spontanément à son ami : « Je vais
corner l'olifant. » — « Ah, lui répond Olivier avec une ironie
tragique, n'en faites rien ! votre race en serait à jamais dés-
honorée ! il est trop tard; à présent il faut mourir !..... »

Quel est donc le copiste inintelligent qui produit par
hasard des beautés d'un ordre aussi élevé?

C'est là ce que M. Fauriel appelle *des tirades perturbatrices
qui interrompent l'action.* On peut en juger par les exemples
ci-dessus. Mais ce qui achève de mettre en relief la témérité
du système de M. Fauriel relativement à la rédaction du
Roland, c'est que ces répétitions ne sont nullement un caractère particulier à l'œuvre de Theroulde : elles se retrouvent dans tous les romans karlovingiens, et M. Fauriel lui-
même le reconnaît : « Dans tous les romans karlovingiens il y
a de ces tirades qui ne sont que des variantes plus ou moins
marquées les unes des autres. » Comment donc cela ne vous
a-t-il suggéré aucune défiance de votre hypothèse? Peut-on
admettre que les romans karlovingiens ont tous été transcrits
par des scribes inintelligents, et inintelligents de la même
manière? « Il y en a toujours un grand nombre (de répétitions); il y a des romans où je crois en avoir compté jusqu'à cinq ou six. » Il fallait vous assurer du fait, et citer.
« Ici, pour l'ordinaire, il n'y en a pas plus de deux à la

fois..... mais je n'ai ni la patience ni le loisir de vérifier dans quelle proportion elles se trouvent dans la totalité du roman. » (T. II, p. 296.) A la bonne heure; mais si vous n'avez ni loisir ni patience, laissez là les problèmes d'érudition, car ils ne peuvent se résoudre à la course.

M. Fauriel use trop volontiers de ce procédé commode, qui après avoir indiqué la difficulté, l'esquive en alléguant le défaut de loisir ou de patience pour en chercher la solution. On l'a vu tout à l'heure accuser de ces tirades perturbatrices l'inintelligence des scribes; un peu plus loin, cette explication ne le satisfaisant plus apparemment, il s'exprime en ces termes : « Comment, par quels motifs ces fragments ont-ils été intercalés dans ces romans, de manière à y faire doublure et à en interrompre la suite? (Ils ne l'interrompent nullement.) C'est une question embarrassante, mais pour la solution de laquelle les données ne manquent cependant pas tout à fait. » On s'attend ici à une révélation; M. Fauriel continue : « Seulement ce serait une discussion minutieuse et compliquée, que je dois écarter pour le moment.... ce doit être l'œuvre des copistes.... mais, encore une fois, c'est une discussion que je ne puis suivre ici, et je reviens à mon sujet. » (T. II, p. 302.) A votre sujet? mais vous y étiez en plein! c'est là le cœur de votre sujet. Je n'ai pas le temps *ici*, dit M. Fauriel; y revient-il du moins ailleurs? Nulle part.

J'ai quelque regret d'insister comme je le fais sur les erreurs de critique d'un savant illustre dont la mémoire est chère à tant de titres à ses amis et à ceux-là même qui ne l'ont point connu personnellement; mais plus l'autorité du nom de M. Fauriel est légitime et respectée, plus il m'im-

porte de faire voir ce qu'il peut y avoir de hasardé, de
téméraire, dans des pages écrites de sa main, il est vrai,
mais écrites depuis longues années, non revues, et qu'il eût
sans doute beaucoup modifiées, s'il les eût préparées lui-
même pour l'impression.

Au sujet de l'opinion qui place dans la Bretagne armori-
caine le foyer des traditions de la Table-Ronde et des romans
d'Arthur, opinion aujourd'hui confirmée, pleinement dé-
montrée par la publication des textes, M. Fauriel dit encore :
«Je me dispenserai de réfuter une assertion en faveur de
laquelle personne jusqu'ici n'a pu alléguer, je ne dis pas le
moindre fait, mais le plus léger prétexte. Dans le peu que
l'on sait de la culture poétique et sociale des Bretons armo-
ricains au moyen âge et dans les temps plus modernes, il
n'y a pas un trait qui ne pût au besoin servir à prouver que
le genre de composition, telle que les romans épiques de la
Table-Ronde, *n'a jamais existé ni pu exister en Bretagne.* Mais
ce serait abuser de l'attention du lecteur que de discuter des
assertions, etc.» (T. II, p. 318.)

C'est abuser de l'autorité, sous prétexte de ne pas abuser
de l'attention du lecteur. Ce tranchant dogmatisme qui nie
non-seulement le fait, mais jusqu'à la possibilité du fait, que
devient-il en présence du recueil de textes originaux publié
par M. de la Villemarqué [1] ?

---

[1] Je suis fâché d'être obligé de le dire, mais M. Fauriel décide trop souvent de choses qu'à peine il a entrevues. Par exemple : «Adam-le-Roi a composé un roman sur les premiers exploits d'Ogier le Danois, qu'il a intitulé
Les enfances Ogier.» (T. II, p. 283.) Évidemment M. Fauriel n'a pas lu ce
poëme : il saurait qu'il n'y est pas question des *premiers exploits* d'Ogier, non
plus que dans *Les enfances Vivien* des premiers exploits de Vivien, mais de la vie
entière de ces héros. Ce mot *enfances,* qui a égaré M. Fauriel (et bien d'autres

Malheureusement, dans son ouvrage, M. Fauriel a mis une lecture considérable au service d'un système préconçu, d'une idée fixe chez lui, à savoir que les trouvères français, ainsi que les poëtes de toutes les nations les plus reculées du Nord, n'ont été absolument que les plagiaires des troubadours provençaux. M. Fauriel courbe tous les faits pour les ajuster à cette rêverie, que toute son ingénieuse érudition, fortifiant celle de M. Raynouard, n'est point parvenue à faire triompher.

érudits), signifie *les traditions, la légende;* il vient d'*in* et *fari.* De même *les enfances Jhésus,* c'est la vie de Jésus, l'ensemble des traditions, le récit complet des Évangiles :

> Les enfances de Jésus-Christ
> Leur raconta toutes et dist
> Trestout ainsi comme il les sceut
> Et que d'autrui oït en eut :
> Comment les Juis le haïssoient;
> Tout ainsi comme il garissoit
> Les malades quant il vouloit;
> Com faitement il l'achaterent; etc.....
>
> (*Le Graal,* publié par F. Michel, p. 55.)

Denis Piram a composé un poëme de la vie de saint Edmond; on lit sur la première page : *La vie seint Edmund le rei,* et dans le début :

> Les vers que vus dirrai si sunt
> Des enfances de seint Edmunt.
>
> (F. MICHEL, *Rapports au ministre, etc.* 250, 252.)

Dans *Baudouin de Sebourg,* le roi de France témoigne à Gaufer son effroi du bâtard :

> Sire, che dist Gaufer, car faisons bonne enfanche.

« Sire, faisons un entretien utile, parlons peu et bien. »

Walter, dans son Dictionnaire gallois, rend le mot *mabinoghion* par *enfances;* or le mabinoghion est un recueil de faits traditionnels destinés à servir d'exemple, à peu près comme notre *Morale en action.*

Ce mot *enfances* se rattache au verbe *faire,* transformé de *fari,* tandis que le dérivé de *facere* s'écrivait *fere,* par un *e.* Voltaire avait donc raison de vouloir qu'on écrivit *je fesais, fesant,* et *bienfesant,* comme *je ferai.*

Aussi, toujours préoccupé de trouver à l'appui de sa thèse favorite des arguments plus ou moins spécieux, les questions les plus intéressantes, mais qui n'aboutissent pas directement au résultat qu'il poursuit, il les néglige, il les tranche en courant par des affirmations hasardées. Ces données, qui ne manquent pas pour expliquer autrement que par la sottise des copistes le fait très-singulier des répétitions, quelles sont-elles? Il ne les a pas même indiquées; nous allons tâcher de suppléer à son silence.

Je vois dans ces répétitions une forme de l'art primitif, laquelle se justifie par la destination des poëmes qui était d'être chantés, et non d'être lus.

Ce point, du reste, a été signalé par M. Fauriel; seulement il a posé le fait sans en tirer les conséquences : « *Les romans karlovingiens étaient faits pour être chantés*, et ils l'étaient toujours. Il serait curieux de savoir comment ils l'étaient, mais c'est sur quoi l'on ne peut avoir que des notions vagues et fort incomplètes. » (II, p. 286.)

Au revers de cette page, M. Fauriel se contredit; il vient d'affirmer que les romans étaient chantés, il a même dit l'espèce de violon dont le chanteur s'accompagnait. A présent, le feuillet tourné, M. Fauriel penche pour l'opinion contraire; cette fois il s'appuie sur la longueur de ces compositions. « Les poëmes les plus courts, dit-il, n'ont guère moins de cinq ou six mille vers; la plupart en ont au delà de dix mille, et quelques-uns au delà de vingt et trente mille. » (II, p. 288.)

M. Fauriel, partant de là, se demande d'abord comment les jongleurs, si exercée qu'on suppose leur mémoire, pouvaient savoir par cœur un grand nombre de ces compositions énormes ; ensuite comment l'on aurait pu trouver l'occasion de réciter et d'entendre vingt mille vers de suite, ou seulement dix mille.

M. Fauriel oublie ici la distinction que lui-même a faite ailleurs très-judicieusement entre les poëmes primitifs et ces mêmes poëmes remaniés à une époque ultérieure. Les premiers sont relativement fort courts : le *Roland* a juste quatre mille vers; *Berthe aux grands pieds* n'atteint pas ce chiffre; le *Charroi de Nismes,* branche primitive de *Guillaume au court nez,* forme environ deux mille vers, et cette branche, à vrai dire, en réunit sous une seule rubrique trois bien distinctes; c'est M. Fauriel qui en fait la remarque, en ajoutant que l'on possède « des chants serviens de cette étendue, et dont quelques-uns même la dépassent. » (II, p. 309.)

L'usage de ces chants ou chansons épiques est attesté par les héros mêmes du *Roland,* qui s'exhortent à bien faire pour n'être pas déshonorés dans les chansons :

> Male cançun de nus ne seit chantée,

ou qui se rendent le témoignage d'avoir vaillamment combattu :

> Male cançun n'en deit estre cantée.

Quant à ces formidables compositions de vingt et trente mille vers, elles étaient faites pour être lues, comme par exemple les chroniques de Wace, ou bien elles se décomposaient en branches, et les branches en épisodes.

Nous avons une pièce où deux jongleurs, faisant assaut de mérite, énumèrent par émulation les poëmes que cha-

cun d'eux est en état de réciter : cela monte très-haut. Mais
encore ne faut-il pas croire qu'une composition d'une mé-
diocre étendue, le *Roland*, par exemple, se récitât de suite
d'un bout à l'autre. Non : ces quatre mille vers peuvent se
démonter en dix ou quinze morceaux ; le poëte a pris soin
lui-même de préparer les extraits, et de là vient que l'on
trouve çà et là résumé en quelques vers ce qu'on a lu
plus haut développé longuement, et indiqué aussi par anti-
cipation et d'une façon sommaire, un dénouement qui est
encore très-éloigné. La même chose existait sans doute dans
les poëmes homériques : le rhapsode qui chantait la visite
de Chrysis au camp d'Agamemnon, ou les adieux d'Hector
et d'Andromaque, ou les supplications de Priam aux pieds
d'Achille, était bien obligé de faire entrevoir à ses auditeurs
en plein vent le point de départ et le dénouement provi-
soire ou définitif de l'épopée, autrement l'auditeur ne se fût
pas retiré satisfait. Cette nécessité devait avoir amené, dans
l'œuvre primitive, une foule de redites, et je m'imagine que
le travail des Alexandrins a consisté, pour la plus grande
partie, à supprimer ces vers devenus inutiles et à raccorder
convenablement les diverses parties de l'œuvre qu'ils trans-
formaient, faisant de cette multitude de petits poëmes cy-
cliques composés pour la récitation une vaste épopée, une
œuvre continue, destinée désormais à être lue d'ensemble.

Afin de rendre la chose plus sensible pour le *Roland*,
prenons les premiers vers du début:

> Charles li rei, nostre emperere magne,
> Set ans tuz pleins ad ested en Espaigne,
> Tresqu'en la mer cunquist la tere alteigne, etc.

Transportez-vous au IVᵉ chant; la défaite de l'arrière-
garde à Roncevaux est consommée : vous retrouvez brusquement, et sans liaison visible, les mêmes vers, à peu près
dans les mêmes termes :

> Li emperère par sa grand poested
> Set ans tuz pleinz ad en Espagne ested;
> Prend i chastels e alquantes citez..... etc.

Mais observez qu'il y a dans ce poëme deux grandes batailles : la victoire des Sarrasins sur les Chrétiens, puis la
revanche des Chrétiens sur les Sarrasins. Supposons que
l'auditoire voulût entendre seulement la revanche de Charlemagne, le ménestrel, pour indiquer la situation, reprend les
trois vers qui forment le début du poëme, et tout de suite,
sans continuer cette route qui le mènerait droit à Roncevaux, il se jette sur le côté : « le roi Marsille qui s'en préoc-
cupe fort, écrit en Babylone à l'amiral Baligant, etc. » Les
trois premiers vers représentent toute la première partie
du poëme; la seconde se déroule à partir de la venue de
Baligant.

De même l'épisode de la belle Aude précède l'histoire du
procès de Ganelon. Voulez-vous donner cet épisode? Allez
tout droit devant vous : « L'empereur à son retour d'Espagne
arrive dans Aix-la-Chapelle. Il monte à son palais de marbre,
et voici venir Aude, la belle demoiselle, qui lui dit , etc.... » Au
contraire, voulez-vous supprimer la belle Aude et passer
tout de suite au procès de Ganelon? Nous partons toujours
du même point : « L'empereur, à son retour d'Espagne,
arrive dans Aix-la-Chapelle. Il monte à son palais de marbre,
et le traître Ganelon chargé de chaînes est amené devant lui, etc. »

Avec notre système de versification moderne, où les vers riment par paires, on peut couper le récit à peu près comme on veut : tout au plus le premier vers pourra-t-il se trouver dépareillé. Mais dans le système ancien, qui procède par longs couplets monorimes, il n'en va pas de même : les trois ou quatre vers que l'on serait obligé de reprendre ne s'accorderaient plus avec la rime du couplet où ils devraient s'adapter; ainsi le poëte est obligé de prévoir et de préparer la coupure en remaniant ces premiers vers sur la rime du nouveau couplet. Ces têtes de récit sont des corps de rechange.

Le début du *Roland* est la première fois sur l'assonance en *a* avec finale féminine, et la seconde fois sur l'assonance en *é* avec finale masculine.

L'épisode de la belle Aude s'adapte à la première forme :

<blockquote>Li emperere est repairet d'EspAigne....</blockquote>

Celui du procès Ganelon s'adapte à la seconde :

<blockquote>Guenes li fel en caeines de fEr....</blockquote>

Sur la manière dont se chantaient les poëmes, on ne peut, dit M. Fauriel, avoir que des notions vagues et fort incomplètes.

Le hasard cependant m'en a fait rencontrer quelques-unes assez précises dans le très-amusant poëme intitulé *Baudouin de Sebourg*, lequel, par parenthèse, me paraît avoir servi de modèle à l'Arioste. Mais c'est là un thème que je compte développer ailleurs; pour le moment, je demande la permission d'emprunter l'excuse de M. Fauriel, Je n'ai pas le loisir, et je reviens à mon sujet.

Je pense, avec M. Fauriel, que les trouvères s'accompagnaient en chantant; mais je ne suis pas d'accord avec lui sur l'instrument dont ils se servaient : il croit (j'ignore sur quel fondement) que c'était une sorte de violon à trois cordes, appelé *reboy* ou *rebeb;* je pense que c'était la vielle, et j'appuie mon sentiment sur l'autorité de Jean Bodel, qui se moque de ces jongleurs mal instruits de la vérité des faits, et de leurs vielles *aux dépannés fourreaux.*

Un autre témoignage non moins positif, encore qu'il soit plus rapproché de nous, c'est celui de Noël du Faïl, dans les *Contes d'Eutrapel.* Je pense qu'on sera bien aise de trouver ici le passage entier, et d'apprendre par la même occasion quelle impression produisaient les jongleurs sur leur mobile auditoire. De pareilles scènes depuis longtemps n'avaient plus lieu au xvie siècle; mais on remarquera que du Faïl rapporte ce qu'il a lu dans un vieux texte d'Ogier le Danois; ainsi son témoignage est doublement précieux.

« J'ai leu en bon autheur (ce n'est mie fabliau, c'est Ogier
« le Danois), qu'un vielleur, à Montpellier, chantant la vie de
« ce preux chevallier (on l'appeloit duc), menoit et rame-
« noit les pensées du peuple qui l'escoutoit en telle fureur
« ou amitié, qu'il forçoit les cœurs des jeunes hommes, ren-
« flammoit celui des vieux à courageusement entreprendre
« tels erreurs et voyage que le bon Ogier avoit fait. »

Nous lisons de pareils effets des poëtes de l'antiquité :

> Irritat, mulcet, falsis terroribus implet,
> Ut magus,

Les auditeurs faisaient cercle autour du trouvère, et sou-vent le chanteur est obligé de prier la foule de ne pas tant le serrer : « Messieurs, écartez-vous un peu, s'il vous plaît,

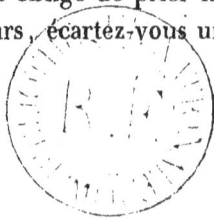

7

et qui n'a point d'argent ne prenne point de siége, car ceux
qui n'ont point d'argent ne sont mie de mon écot. »

> Or traïez vous en cha, signour, je vous en prie,
> Et qui n'a point d'argent, si ne s'assieche mie,
> Car cil qui n'en ont point ne sont de ma partie.
>
> (*Baudoin de Sebourc*, début du V⁰ ch.)

On voit par ces vers qu'il y avait des places réservées pour
des auditeurs assis, et que le trouvère faisait une collecte où
l'on n'était pas forcé de contribuer. C'était absolument
comme les chanteurs des rues de nos jours; le rhapsode du
Baudouin appelle cela *faire courtoisie :*

> Biau signour, cheste istoire doit bien estre prisie,
> Escouter le devez et fere courtoisie
> A chelui qui vous a le matiere nonchie ;
> Or vous traïez en cha, pour Dieu le fil Marie !
>
> (*Ibid.* chant XI.)

Les fins de chant ramènent la même pensée que les
débuts. Le chanteur annonce les points sommaires de la
suite de ses amusantes histoires; il séduit ses auditeurs à
l'appât d'un programme si piquant, et tâche que leur curiosité stimule leur générosité : « On vous contera tout cela
fait à fait, en son lieu, mais faites-moi courtoisie. »

> . . . .
> . . . .
> Ainsi com vous orrez quant li poins en sera,
> Trestout de chef en chef on le vous contera,
> Et se j'ai vostre argent vous ne le plaindrez ja,
> Car sitost que je l'ai, le tavernier l'ara.

C'est par cette belle chute que l'effronté termine son

XII° chant, l'un des plus récréatifs de ce curieux poëme. Il y en a vingt-cinq, chacun de mille vers, en moyenne[1]. La matière en est exactement indiquée en ces termes :

> Veschi belle matiere rimée et de biaus dis :
> Ch'est d'armes et d'amours et de grans paletis,
> De prises de citez, d'acquerre los et pris.
> (*Baudoin de Sebourc*, ch. II.)

> De saintes et de sains est ma chanson furnie
> Et d'armes et d'amours et de chevalerie
> Et de griez trahisons et de grant estourmie.
> (*Ibid.* ch. V.)

Ne semble-t-il pas entendre l'Arioste?

> Le donne, i cavalier, l'arme, gli amori,
> Le cortesie, l'audaci imprese io canto[2].

Le *Baudoin de Sebourg* est des premières années du

---

[1] C'est à peine la moitié de l'œuvre ; le reste est perdu. Le mot du cardinal d'Este serait ici bien de mise.

[2] « Arioste dès sa jeunesse éprouva un goût particulier pour les romans de chevalerie. Ces ouvrages n'avaient pas été inconnus à l'Italie antérieurement à cette époque, mais surtout vers la fin du xv° siècle, ils se répandirent et trouvèrent dans toutes les classes des lecteurs empressés[*]. Arioste apprit l'espagnol *et le français* pour les lire tous, et il en lut autant qu'il put s'en procurer. Il poussa le zèle jusqu'à traduire en italien les principaux, et, dans le nombre, le *Godefroy de Bouillon*.

« Pour le choix d'un sujet, l'Arioste passa en revue tous les romans espagnols et français. Mais il reconnut bien vite qu'avec le sujet le plus favorable et la meilleure exécution, encore lui serait-il fort difficile de faire pénétrer son œuvre dans la foule, si ses personnages et leurs aventures étaient étrangers à l'Italie et inconnus. »

(FERNOW, *Leben Lodovico Ariosto's, etc.*)

---

[*] Bettinelli, *Risorgimenti d'Italia* (1786, t. II, p. 91), attribue cet effet aux éditions de Vérard, qui vers 1480 pénétrèrent en Italie, et furent bientôt imitées par les imprimeurs italiens.

7.

xiv⁵ siècle, et l'auteur inconnu de cette vaste composition ne le cède à l'Homère ferrarois ni pour la variété des récits, ni pour la malice des réflexions, ni pour le talent de narrer. C'est dans notre littérature du moyen âge le seul poëme que je connaisse de ce caractère et de ce mérite, ce qui ne veut pas dire qu'il n'y en ait pas d'autres, mais du moins je ne les crois pas imprimés.

Il y aurait à tirer de celui-ci, outre le plaisir de la lecture, une multitude de renseignements sur les mœurs et les usages de l'époque de Philippe le Bel, où il fut composé. On a vu tout à l'heure quelques détails sur les rhapsodes de carrefour : en voici un qu'on n'avait pas soupçonné jusqu'ici, et qui répond à l'objection de M. Fauriel sur la prodigieuse mémoire nécessaire aux jongleurs pour retenir des épopées de vingt mille vers ou davantage. Ce qui réduit beaucoup le miracle, c'est que ces jongleurs s'aidaient d'un livre. Il n'y a pas moyen d'en douter, au moins pour le xiv⁵ siècle :

> Ainsi com vous orrez, mais que je *lise* avant.
> (*Baudoin de Sebourc,* ch. XIX.)

> Ainsi com vous orrez au *livre* retraitier.
> (*Ibid.* ch. XVII.)

> Or commenche matere et histoire de pris
> Oncques si royaus *livres* ne fu par homme dis.
> Seigneur, or escoutez glorieuse *chanson.*
> (*Ibid.* ch. XVI.)

Ainsi le poëte *lisait* à son auditoire, et les mots *livre* et *chanson* lui servent indifféremment pour désigner son poëme. Peut-être faut-il entendre que sa déclamation était une sorte de mélopée; mais ce qui est hors de doute, c'est qu'il avait en main ou à sa portée un manuscrit, véritable aide-mémoire.

S'il m'est permis d'émettre mon opinion personnelle sur ces matières, la voici :

A l'époque primitive, dans les xiᵉ et xiiᵉ siècles, les poëmes étaient courts (du moins relativement) et chantés; c'étaient des *chansons* dans le sens littéral du mot[1]. Au xiiiᵉ siècle, sous l'influence favorable de Louis IX, la littérature se raffine, la rhétorique fleurit : les œuvres de cette époque, compositions originales ou remaniements des compositions vieillies, offrent toutes le même caractère de diffusion et de verbosité : c'est le règne du détail et des versificateurs : la poésie disparaît étouffée sous l'amas des rimes et des paroles. Les trouvères du xiiiᵉ siècle ont bien conservé la dénomination traditionnelle de *chanson*, mais ce n'est plus guère qu'une expression vide de sens, car à côté de l'auditeur il y a déjà le lecteur. Aussi, quelle différence dans le procédé littéraire ! l'assonance a pour jamais disparu; la rime est exacte et souvent riche; plus de ces soudures de mots par la fusion de deux voyelles en une syllabe; plus de ces syncopes de l'*e* muet, toutes allures familières à la langue parlée. On sent que ces gens-là n'écrivent plus seulement pour la rue et pour l'oreille, mais aussi pour le cabinet et pour les yeux. En un mot, nous avons désormais affaire à des hommes de lettres; l'homme de lettres se multiplie, et le poëte disparaît.

Mais on ne saurait rompre si vite avec toutes les vieilles

---

[1] *Chanson,* diminutif de *chant,* par modestie, comme les compositeurs italiens appellent *duetto* de grands duos à trois mouvements.

habitudes : on retrouve dans le *Baudouin* les répétitions du *Roland*, *vestigia ruris*. Seulement ici elles ne portent pas sur la narration, mais sur les discours. Les discours importants y sont presque toujours faits deux fois de suite et sur des rimes différentes : l'un est plus court, l'autre plus étendu, sans que l'abrégé soit constamment placé le premier ou constamment le second ; l'ordre n'y fait rien.

On ne peut donc en douter : ces répétitions étaient une forme de l'art primitif ; l'intention en était double : elles servaient d'abord à insister sur une circonstance notable, ensuite à faire éclater l'habileté du versificateur ; car l'erreur serait grande de croire que le peuple ait jamais été insensible à ces finesses de la forme, à ce mérite de la difficulté vaincue dont l'appréciation semblerait le privilége des artistes[1].

Autre chose est d'être lu dans le recueillement du cabinet, autre chose de lire ou chanter au milieu du tumulte

---

[1] Scarron, dans le VI⁰ livre de l'*Énéide travestie*, fait une plaisanterie qui répond à cette intention des trouvères : il s'agit de traduire le *sedet æternumque sedebit infelix Theseus* :

> Là Thésée est sur une chaise
> Ainsi que moi fort mal à l'aise.
> Outre que son malheureux cu
> Faute de chair est fort pointu,
> La chaise mal faite et durette
> De trois de ses pieds a disette.
> Pour vous montrer que je puis bien
> Changer un vers en moins de rien :
> La chaise aussi dure que roche
> N'a qu'un pied, et ce pied-là cloche.
> Le voici d'une autre façon,
> Tant je suis un joly garçon !
> La chaise branlante et bien dure
> N'a qu'un pied pour toute monture.

Nos vieux poëtes exécutaient sérieusement le même tour de force, et en ressentaient aussi le naïf orgueil de se montrer *jolis garçons*.

des places et des carrefours, à une assemblée debout, mobile et bruyante [1]. Aux uns, il suffit de dire les choses une
fois, le mieux possible ; aux autres, les répétitions *populares
vincentes strepitas* sont bonnes, sont quelquefois indispensables.

Pourquoi les répétitions si fréquentes dans les poëmes du
cycle de Charlemagne ne se font-elles point remarquer
dans ceux du cycle d'Arthur ? Cela s'explique aisément :

C'est que les romans de la Table-Ronde sont des œuvres
éminemment littéraires, composées, comme nos romans
modernes, pour la lecture, et non pour le chant ou le dé-
bit à haute voix. Vous reconnaissez tout de suite les convenances de chacune de ces destinations, car le lecteur ne
tolérerait pas ce que l'auditeur admet sans difficulté, sans
seulement y prendre garde : ceci est un livre, cela est un
discours ; ce qui serait un défaut dans le premier genre
devient une qualité essentielle au second. Et cette solution
en amène une autre : on a beaucoup controversé auquel des
deux cycles appartient le droit d'aînesse ; je conclus sans
hésiter en faveur du cycle carlovingien, car la parole a précédé partout l'écriture, et l'on a débité des récits longtemps
avant de songer à faire lire des livres.

Je ne crois pas nécessaire de réfuter longuement une autre
opinion de M. Fauriel, qui juge le *Roland* et la *Chronique de
Turpin* formés des débris rassemblés de vieux chants populaires. Ce système, inventé naguère en Allemagne, y a été

---

[1] « Seigneurs, écartez-vous un peu ; — seigneurs, faites paix ; — seigneurs,
« or taisez-vous. — Vous saurez tout cela, pourvu que ma voix soit entendue ! »
Ces formules reviennent à tous les débuts et conclusions de chants dans le
Baudouin de Sebourg.

appliqué successivement à l'histoire romaine, à la *Bible*, aux *Nibelungen*, à tout! M. Fauriel, à son tour, l'applique à nos poëmes du moyen âge. C'est l'axiome de Beaumarchais retourné : Tout commence par des chansons. Parce qu'il y a un *romancero* du Cid, on suppose que tous les héros possibles ont été célébrés d'abord en des romances pareilles, et l'on ne fait pas attention qu'il existe une véritable épopée du Cid fort antérieure au *romancero*. On pose en principe l'accroissement par une série de métamorphoses progressives; mais c'est là, j'ose le dire, une idée fausse : en quoi, je le demande, est-il plus naturel à l'esprit humain de produire un couplet qu'un poëme? L'ordre opposé me semblerait plus soutenable, car il faut un art très-mûri par l'expérience pour enfermer en cinq ou six couplets l'histoire de Napoléon; il serait bien plus simple et facile de rimer cette matière en quinze ou vingt chants. Si Béranger fût venu au xiiᵉ siècle, il est très-probable qu'au lieu de *Souvenirs du Peuple*, il nous eût légué une épopée carlovingienne.

On va toujours répétant que la marche de l'esprit humain est du simple au composé; je crois que dans la plupart des cas c'est le contraire qui est vrai. L'esprit humain va plus volontiers du composé au simple, la simplicité étant le dernier terme et le dernier effort de l'art. Le caractère de notre époque est précisément cet abus de l'analyse. C'est par l'analyse qu'on enseigne aux enfants les langues mortes; aussi, après des peines inouïes, ne les savent-ils jamais. Au contraire, par la seule pratique, un enfant apprend les langues vivantes très-vite, très-bien et sans qu'il lui en coûte d'application; et il en apprend plusieurs simultanément sans les confondre. En présence de ce double fait dont nous

sommes témoins chaque jour, que devient le célèbre apho-
risme sur la marche naturelle de l'esprit humain ?

Les chansons ont précédé les poëmes : il serait aussi rai-
sonnable de soutenir que, dans l'ordre physique, les chevaux
ont dû commencer par être des lapins, et les lapins des
rats.

Cette théorie des chansons primitives était commode aussi
pour y puiser l'origine des répétitions dans les poëmes. Faites
un pas de plus, admettez des copistes sans intelligence, et
tout de suite vous arrivez à l'opinion de M. Fauriel : les
textes que nous avons sont le produit d'une rédaction confuse et mêlée.

Si l'esprit critique, au lieu de s'éveiller chez nous vers
le xviie siècle, se fût éveillé au xiiie ou au xive, nous pos-
séderions sans doute un texte de Theroulde analogue au
texte d'Homère revu et mis en ordre par les Alexandrins,
où, conservant avec un soin religieux toutes les beautés et
la couleur originale, l'on eût abrégé certains détails, supprimé quelques répétitions et quelques défauts inséparables
de l'enfance de l'art, ou résultant de la destination de l'œuvre.
Aujourd'hui il est trop tard : les raccords seraient impossi-
bles ; le xixe siècle manque d'autorité pour réparer ce vénérable monument dans le style du premier architecte. Tout
ce qu'il peut, c'est d'en étayer les ruines, et, en nettoyant
le terrain des broussailles sous lesquelles le temps les allait
ensevelir, d'en faciliter les abords à quiconque sera curieux
de les contempler dans leur isolement séculaire et leur sauvage majesté.

CHAPITRE IV.

Des remaniements ou rajeunissements du *Roland* au xiiie siècle
et au xive.

Mais le caractère littéraire du xiiie siècle, loin d'être ce
sentiment de sobriété élégante qui tend incessamment à
resserrer le détail et à condenser les idées, est, au contraire,
le goût immodéré de l'expansion, de l'étalage des mots, de
l'amplification à la manière des rhétoriciens de collége.
Ainsi vit-on au xviiie siècle l'aimable et charmante facilité de
Gresset dégénérer trop souvent en une abondance stérile
et fatigante : une maigre pensée étouffée sous une accu-
mulation de rimes. Les meilleures productions du temps de
S. Louis sont empreintes de ce vice. Il semble que tous
les écrivains d'alors fussent à la recherche d'un motif à
mettre en variations.

Le poëme de Theroulde ne pouvait leur échapper : un
sujet à la fois si poétique et si populaire ! comment résister
à la tentation de le reprendre en sous-œuvre, et de faire
oublier la composition surannée du vieux trouvère en la
reproduisant ornée de tous les brillants vrais ou faux de la
rhétorique moderne ?

Nous possédons plusieurs manuscrits de ces rajeunissements; ils diffèrent entre eux plus ou moins, selon les
provinces où ils ont été exécutés, mais ces différences au
fond n'ont pas une valeur dont on doive ici tenir compte, et
le plus souvent ils se reproduisent littéralement. La plus
complète de ces copies est contenue au manuscrit de Ver-

sailles, qui passa de la bibliothèque de Louis XVI dans celle
du comte Garnier, et de celle du comte Garnier dans celle
de M. Bourdillon, de Genève, où il est aujourd'hui. Je ne
parle pas de l'édition qu'en a donnée le dernier proprié-
taire, édition où tout est renversé, transposé, mutilé, où il
y a même des vers refaits, en sorte qu'il n'est pas une ligne
qu'on en pût citer avec sécurité. Et pourtant l'éditeur se
décerne à lui-même de grands éloges et de sincères remer-
cîments sur son heureuse exactitude. Il avoue quelques
légers remuements dans la disposition du texte, «pour dé-
«gager la statue du bloc de marbre et des haillons dont la
«main des hommes l'avait affublée,» mais «il ne croit pas
«avoir omis *un seul vers* appartenant à l'auteur.» Or, j'ai
constaté les petites suppressions qu'il s'est permises, ici de
dix vers, là de quinze, ailleurs de trente, plus loin de quarante, le tout formant un total de *huit cent soixante vers*,
sur environ huit mille huit cents. Voilà ce que M. J. L. Bourdillon, de Genève, appelle dégager la statue; cela paraît
effectivement assez dégagé [1].

---

[1] Le procédé suivi par M. J. L. Bourdillon pour «mettre en lumière» une
bonne édition de son manuscrit, est assez curieux pour mériter d'être signalé aux philologues : «J'ai commencé, dit-il, par apprendre à peu près par
cœur le texte de *mes* manuscrits; cela obtenu, une fois bien ferme sur ce terrain, *j'ai pris l'ordre des idées, et j'ai appelé les vers,* qui alors sans peine, *sans
effort, sont venus comme d'eux-mêmes* (on prétend que, dans la conversation,
M. B. dit librement *comme des petits poulets*) *se ranger sous ma plume.*

«Ce travail s'est achevé de telle façon, qu'*en vérité* je ne crois pas avoir
omis dix vers appartenant à l'auteur.» (*Préf.* p. 88.) Voir, pour de plus amples
détails, un article de la *Nouvelle revue encyclopédique* de MM. Firmin Didot,
avril 1847.

Si M. Jean-Louis Bourdillon se fût trouvé en la place d'Aristarque, nous
aurions une étrange édition des poëmes d'Homère!

Heureusement, avant de tomber aux mains redoutables
de cet amateur, le manuscrit de Versailles avait appartenu
à M. Guyot des Herbiers, qui, dès 1818, avait offert à la
Bibliothèque nationale une transcription scrupuleusement
revue de ce précieux monument littéraire. C'est cette copie
dont je me suis servi, et d'après laquelle je parlerai de ce
remaniement le plus important, le seul important, à vrai
dire, puisqu'il a servi de base à tous les autres.

Le texte du manuscrit de Paris est, en général, calqué
sur celui de Versailles; néanmoins il présente quelques différences notables : non-seulement certains couplets y sont
établis sur une autre rime que dans le premier, et, par conséquent, les leçons alors sont modifiées, mais certains détails
qui n'existent pas dans l'un se retrouvent dans l'autre. Par
exemple, le texte de Versailles n'a pas le couplet où Roland,
près de mourir, fait l'énumération des pays conquis avec le
secours de Durandal. Ce couplet est donné par le texte de
Paris. Mais, au fond, l'on peut dire que c'est le même ouvrage, puisque le plan, la marche, et très-souvent les vers,
sont les mêmes.

Il manque au manuscrit de Paris les huit premiers feuil-
lets, qui représentent à peu près le tiers du poëme. Ce texte
commence aujourd'hui au moment où Olivier reproche à
Roland son refus de sonner du cor pour rappeler Charlemagne. « Vostre olifant sonner vous ne daignastes! » C'est
le cœur de l'action.

Le manuscrit de Lyon, par un singulier hasard, prend
justement au même endroit; et l'on ne peut douter qu'il
soit complet, puisque la page commence par le début du
Chevalier au lion, de Chrestien de Troyes, lequel n'offre

aucun rapport avec le sujet de Roncevaux. Apparemment
c'est un caprice du copiste qui aura brusquement substitué
un ouvrage à l'autre. Mais pourquoi commence-t-il au tiers
du livre?

Ce texte, au surplus, n'est qu'un fragment de trois mille
vers sur huit mille au moins que devait avoir le poëme entier. Il a été exécuté au xivᵉ siècle, et présente une multitude de mauvaises leçons. Les vers, en général, sont arrachés à l'un ou à l'autre des deux textes précédents, mais la
préoccupation visible du copiste est d'abréger: il réduit vingt
vers à quatre, et souvent à rien du tout. Sa rédaction, qui
va jusqu'au dénouement, ne contient guère que deux faits:
la mort de Roland et l'épisode de la belle Aude. Tout le
reste est supprimé : le supplice même de Ganelon est à peine
indiqué en huit lignes. Le dernier quart de ce fragment est
en mauvais vers de douze syllabes.

Cependant la pénurie où nous sommes de textes du *Roland* ne permettait pas de négliger même celui-là. Je l'ai
donc étudié, grâce à l'obligeance de l'autorité municipale
de Lyon, et j'en ai tiré quelques variantes. Je l'ai interrogé
aussi curieusement que s'il eût été meilleur, et comme l'on
tâche de faire parler un sot qui a connu un grand homme.

Je reviens au texte de Versailles, qui mérite plus d'attention.

L'auteur inconnu est évidemment un littérateur très-raf-
finé : son premier soin a été d'écarter les assonances barbares du vieux poëte; c'était bon dans l'enfance de l'art! il
rime, lui, et richement et abondamment. Il conserve tant
qu'il peut les vers de son prédécesseur, changeant au milieu
quelque expression surannée devenue inintelligible, substi-

tuant à la fin un hémistiche qui fait rimer juste, glissant çà et là quelques vers de développement; on est souvent obligé d'admirer sa souplesse et sa subtilité dans cet exercice difficile.

Mais parvenu à la moitié de sa tâche environ, il se lasse, la contrainte lui pèse trop, il soulève le joug dont il s'était chargé, il finit par le rejeter tout à fait : il va libre et seul. Peut-être aussi n'est-ce pas le même écrivain, et, comme il est arrivé pour le roman de la *Rose*, la tâche commencée par une plume a-t-elle été achevée par une autre. Quoi qu'il en soit, le traducteur suit bien encore de loin la marche et même les idées de son modèle, mais il est devenu paraphraste, il écrit pour son propre compte. C'est ici que va devenir sensible la différence des mœurs dans les deux époques : l'amour chez Theroulde ne se laissait apercevoir qu'un moment, par un rayon furtif. L'épisode de la belle Aude se renfermait en vingt-huit vers : il s'étend ici délayé en un immense épisode de huit cents rimes! Par quel secours l'auteur parvient-il à cette dimension extraordinaire? A l'aide de tous les lieux communs dont peut abuser le métier : songes, descriptions de toilette, force discours, prières où l'on fait entrer d'immenses lambeaux arrachés de l'Histoire sainte, que sais-je? Pour faire juger le goût du paraphraste, il suffit de dire que la belle Aude, après avoir appris la mort de Roland, loin de tomber morte suffoquée par sa douleur, comme dans Theroulde, prend encore le loisir de prononcer plusieurs harangues pleines de superbe rhétorique, de se confesser, de réciter ses prières très-prolixes, après quoi elle meurt tranquillement de chagrin. Un moment je l'ai crue destinée à mourir de vieillesse.

Le procès de Ganelon n'est pas moins stérilement allongé.
La scène a été transportée d'Aix-la-Chapelle à Laon; dans
tout.le poëme il n'est pas fait mention d'Aix-la-Chapelle : c'est
Laon et Paris[1] qui sont devenus la résidence de Charlemagne. C'est une faute contre la vérité historique, contre
le *costume*, mais c'est la moindre.

J'ai remarqué plus haut l'habileté avec laquelle le poëte
primitif avait su conserver au caractère de Ganelon une sorte
de grandeur. Amené devant la cour des pairs, Ganelon,
s'entendant accuser de trahison, s'écrie : Entre Roland et moi
il y avait inimitié mortelle et déclarée, il avait cherché ma
mort; je me suis vengé, mais je n'ai point trahi! Ce raisonnement, certes, n'abusera la conscience d'aucun lecteur de
sang-froid; mais il peut être sincère dans la bouche d'un
homme aveuglé par la passion; c'est en cela même que consiste la moralité de l'ouvrage. Mais ces combinaisons étaient
trop délicates pour les rajeunisseurs; ils n'en ont rien en-
trevu. Ils ont cru ne pouvoir accumuler jamais assez d'op-
probre sur la tête de Ganelon; et parce que c'était un traître,
ils en ont fait un poltron et un lâche, de quoi le vieux Theroulde s'était bien gardé! A cette défense devant la cour des
pairs, qui leur a paru d'une simplicité fade, ils ont substitué
une invention à leur avis bien autrement ingénieuse! c'est
que Ganelon, après avoir fait l'insolent, confie tout à coup
son salut aux jambes de son cheval, et s'enfuit au galop.
Charlemagne, désolé, furieux, ne sait plus que faire. Mais
par bonheur un certain Gondebœuf, roi de Frise, se lance à
la poursuite du coquin, le rattrape et le ramène. On tient

[1] En revanche Paris n'est pas nommé une seule fois dans Theroulde; on y
rencontre une mention unique du *bourg de S. Denis.*

alors un grand conseil : quel supplice choisira-t-on assez
cruel? Chacun dit son mot et offre son projet. C'est un con-
cours de propositions féroces, détaillées et recommandées
par leurs auteurs avec un sang-froid qui les fait paraître encore plus abominables, et c'est Charlemagne qui préside
ce consistoire de bourreaux! Enfin on s'arrête à l'écartèle-
ment; nous assistons au supplice, et après la cérémonie
Charlemagne remercie les juges, les embrasse et les renvoie
chacun chez soi. L'auteur se recommande à la miséricorde
de Jésus-Christ.

Mesurez la distance de tout ce bavardage, de ces horreurs
et de ces platitudes à l'austérité, à l'énergie de Theroulde,
âpre, sauvage, mais toujours noble et majestueuse. L'apparition de l'ange sur quoi Theroulde ferme la scène et disparaît lui-même brusquement en jetant son nom à l'auditeur,
cette fin originale suffirait seule pour révéler un poëte initié
par l'étude aux secrets les plus intimes de son art.

On voit qu'emporté par sa manie d'amplification, le rajeunisseur n'a rien compris au plan si habilement agencé
par Theroulde: il a rompu toutes les proportions de l'œuvre sans plus de conscience des défauts que des mérites. Il
abaisse tout ce qu'il étend. La couleur religieuse, si fortement
empreinte dans le poëme original, est ici très-affaiblie : le
merveilleux chrétien n'y a guère plus de force que dans la
Henriade : c'est une machine d'épopée, rien de plus. De
prime abord on a peine à comprendre que ce soit là une
production du temps de S. Louis; mais quand on voit les
innombrables écrits de cette époque farcis des plaisanteries,
des satires les plus amères, les plus crûment injurieuses
contre le clergé, les moines et les nonnes, souvent même

contre le dogme ; quand on considère que toute cette licence, qui aujourd'hui certes ne serait pas tolérée, demeurait alors parfaitement impunie, on se demande si le flambeau de la foi répandait beaucoup plus de chaleur sous Louis IX que sous Louis XV. Rutebeuf est aussi hardi que Voltaire, et le roman de Renart, non plus que celui de Rabelais, trois siècles plus tard, n'en doivent guère à l'Encyclopédie. Où donc est la différence? C'est que les uns font semblant de jouer et de rire, tandis que les autres professent l'impiété dogmatique, et des deux celle-ci n'est pas assurément la plus contagieuse. O puissance d'un mot! Louis IX canonisé illumine de son auréole la France contemporaine : c'est *saint* Louis! ce monosyllabe, par une illusion rétroactive, emplit le siècle d'un parfum d'innocence et de piété.

On ne retrouve pas non plus dans le *Roland* rajeuni, certains détails historiques infiniment précieux qui datent et colorent l'œuvre originale; par exemple, ce fait singulier, dont la mention n'existe nulle part ailleurs, que l'oriflamme était dans le principe consacrée à S. Pierre, sous le nom de *Romaine*, et que c'est précisément à Roncevaux qu'elle changea ce nom en celui de *Monjoie*. Notez qu'il n'est pas question de S. Denis. Il serait curieux de savoir ce qu'aurait dit là-dessus Ducange, qui dément deux historiens du xiii⁰ siècle, affirmant que l'oriflamme fut jadis la bannière du roi Charlemagne [1].

---

[1] « Je ne m'arreste pas à ce que quelques auteurs ont donné à l'oriflamme le nom de bannière de Charlemagne, parce que ç'a esté sur de faussces traditions et pour n'avoir pas sçu son origine. Un auteur anglois*, en l'an 1184, est en ceste erreur, escrivant ainsi de ceste bannière : « Protulit hac vice rex Francorum

* GERVAS. DOROB. ann. 1184.

Les rajeunisseurs ont supprimé pareillement la scène du
champ de mai; la mention de la charte de S. Gille, au
monastère de Laon[1]; celle du *carroccio*, usage du catholi-
cisme italien prêté aux Sarrasins d'Espagne. Et l'on ne peut
admettre la supposition que ces détails ne leur aient point
passé sous les yeux : c'est bien le texte de Theroulde dont
ils se servaient, car ils le copient trop souvent mot à mot.
Leur exemplaire était au moins aussi complet que le nôtre,
car ils défigurent les passages qu'ils ne comprennent plus.
Ainsi précisément dans l'endroit où il s'agit du carroccio, ils
n'ont pu deviner le sens du mot *canelius*, qui signifie des

Philippus *signum regis Karoli,* quod a tempore præfati principis usque in præ-
sens signum erat in Francia mortis vel victoriæ. » Comme aussi l'auteur de la
chronique du monastère de Senones [*] : « Rex vero secum de Parisiis *vexillum
Karoli magni,* quod vulgò auriflamma vocatur, quod nunquam, ut fertur, à
tempore ipsius Karoli pro aliqua necessitate a secretario regis expositum fue-
rat, in ipso bello apparaverat. » (*Dissert. sur l'oriflamme.*)

Voilà donc contre l'arrêt de Ducange trois témoignages : deux du XIIIe siècle,
et un plus positif encore du XIe. C'est quelque chose pourtant! Au reste, ces
mêmes témoignages fournissent peut-être de quoi expliquer l'opinion de Ducange et la justifier jusqu'à certain point. Il n'a point trouvé l'oriflamme dans
nos armées avant Louis le Gros; mais la chronique de Senones nous prévient
que cet étendard n'avait plus paru *depuis le temps de Charlemagne,* lorsque Philippe Auguste le remit en lumière. Les comtes du Vexin, dit Ducange, étaient
les avoués de l'abbaye de S. Denis, et c'est seulement en cette qualité et
comme leur successeur que Louis le Gros put faire porter l'oriflamme. Mais,
lui répond Theroulde, l'oriflamme n'a pas toujours été la bannière spéciale
de S. Denis; c'était, du temps de Charlemagne, celle de S. Pierre, et elle
s'appelait *Romaine,* nom qu'elle changea à Roncevaux en celui de *Monjoie.*
Tout peut donc se concilier, et Ducange peut avoir raison, en tant que l'oriflamme sera considérée comme la bannière de S. Denis. Cette distinction des
époques paraît indispensable.

[1] Voyez la note sur III, 660.

[*] *Chron. Senonense.* lib. III, c. xv.

porte-cierges (*cannelarios* pour *candelarios*), des *luminiers* comme on les appelle dans des textes moins antiques :

> Des *canelius* chevauchent environ.

Que font alors les littérateurs du xiii⁰ siècle, embarrassés de leur ignorance ? Ils changent le mot qui les gêne, y substituant quelque autre mot qui en approche pour la forme. Le manuscrit 7227-5 porte :

> xx *chevaliers* chevauchent environ.

Le manuscrit de Versailles remplace les *canelius* et les vingt *chevaliers* d'une façon plus originale, par trente *chameaux :*

> xxx *camels* chevauchent environ.

Ainsi, dès le xiii⁰ siècle, le texte du *Roland* était difficile à comprendre ; on était obligé d'y rajeunir, d'y changer certaines expressions, certaines tournures. Ceux qui s'étaient chargés de cette besogne étaient parfois réduits eux-mêmes à deviner le sens de leur auteur, et n'y réussissaient pas toujours. A l'exemple tiré des *canelius*, combien en pourrait-on ajouter d'autres ! dans Theroulde, l'oncle de Marsille est partout désigné par sa dignité de calife, on l'appelle l'*algalife*, c'est-à-dire le *calife*, *al* étant l'article arabe soudé à son substantif, comme dans *alcoran*, *algèbre*, *almanach*, etc.

Mais l'usage français étant de ne jamais faire sentir deux consonnes consécutives, *al* sonnait *au*, et l'*algalife* était prononcé l'*augalife*. Le rajeunisseur ne comprenant pas ce mot, l'a pris pour un nom propre, *Laugalie :* Laugalie est l'oncle de Marsille.

8.

Theroulde :

> Dist *l'Algalifes : mal nos avez baillis.

Le rajeunisseur :

> Dist *Laugalie :* mal nos avez baillis.

Theroulde :

> Dunc li enveie mun uncle *l'Algalife.*

Le rajeunisseur :

> Donc li envoie mon oncle *Laugalie.*

Theroulde :

> De *l'Algalife* ne l'en devez blasmer.

Le rajeunisseur :

> De *Laugalie* ne l'en devez blasmer.

Cette méprise et cette substitution durent pendant tout l'ouvrage.

Voici un échantillon plus curieux de l'érudition historique de ces rajeunisseurs.

Ils font figurer parmi les Albanais Judas Iscariote; ils transforment ce Judas en un capitaine sarrasin, contemporain de Charlemagne, et, de peur qu'on ne s'y trompe, ils ont bien soin d'expliquer que c'est le même qui vendit Notre Sauveur. La première cohorte, dit le manuscrit de Versailles,

> La premiere est de ceux de Boteroz [1],
> Dont fu Judas, qui fel estoit et rox,
> Qui Deu vendit.

---

[1] *Boteroz, Butantor,* dans Theroulde *Butintrot,* paraît être l'ancienne Buthrote, en Épire.

La version du manuscrit de Paris dit la même chose sur une autre rime :

> En la menor furent quatre milier :
> De Butantor furent tui li premier ;
> Judas y fut, qui fist iceulx guier,
> Qui traïst Dieu ; ce ne pot il nier.

L'un et l'autre texte mettent dans la bouche du Sarrasin Baligant cette expression l'*heure de complies :*

> L'orgueil Karlon à la barbe florie
> Amatissez ains l'ore de complie.

Apparemment les païens à qui il s'adresse, avaient coutume d'entendre la messe et les vêpres.

Quand Charlemagne retrouve le corps de son neveu parmi les cadavres qui jonchent la vallée de Roncevaux, Theroulde peint le vieil empereur livré à une douleur profonde, mais toujours pleine de noblesse. Charlemagne éclate en regrets amers, plaintes touchantes contre la destinée et sombres pressentiments de l'avenir : Je n'ai plus un ami sous le ciel! que dirai-je à ceux qui viendront me demander des nouvelles du grand capitaine? Ah! je les leur donnerai bien cruelles! je leur dirai qu'il est mort en Espagne. Hélas, je ne passerai plus un jour sans pleurer! Que va devenir mon royaume? Ma grandeur, ma force, tout est tombé! Ah, pauvre France orpheline! Je voudrais être mort comme toi, Roland; comment puis-je te survivre? Je prie Dieu de m'ôter de ce monde! Et en parlant de la sorte, il s'arrachait la barbe et les cheveux.

Ce tableau naïf n'a point semblé aux rajeunisseurs de l'œuvre suffisamment énergique ni pathétique; ils ont voulu

compléter par la pantomime l'effet des paroles. Qu'est-ce en
effet que « Zaïre vous pleurez ! » si Orosmane ne se roule par
terre? Ils nous montrent donc Charlemagne agenouillé devant ce corps inanimé, le prenant par les pieds, et mettant
dans sa bouche un orteil du cadavre *qu'il serre avec grande
douleur !* C'est dans cette position tragique (et sans aban-
donner l'orteil) que le grand Empereur prononce l'interminable oraison funèbre du défunt :

> Il s'agenoille soef et bonemant,
> Devers les piez le prist premierement,
> Ens en la boche li mist l'orteil plus grant [1],
> Per grant dulor la li vat estregnant :
> Beau nies dit Karles com mar vus aimai tant !
> La vostre mort me va si angoissant, etc.

Vous observerez que ce joli morceau se retrouve dans les
trois textes de Paris, de Versailles et de Lyon [2]; l'unique différence c'est que le texte de Lyon substitue le talon à l'orteil :

> Dedans sa boche mit le talon Rollant.

Tout dans ces textes rajeunis est de la même force et du

---

[1] *Orteil* était primitivement du féminin et désignait tous les doigts du pied.
La version du livre des *Rois* dit, en parlant de Goliath : « La fud uns merveillus
vassal ki out duze *deiz* as mains e duze *orteils* as piez. » (p. 204.) Le latin n'a
qu'un seul mot : « Qui senos in manibus pedibusque *digitos* habebat. » La distinction entre *orteils* et *doigts* est donc essentielle au français; le peuple qui
dit *le gros orteil*, pour désigner le pouce du pied, parle donc très-correcte-
ment, et ceux qui disent *la grosse orteil* parlent encore mieux.

Il est à remarquer que le texte P. se sert déjà du mot *doigt* : « Ens en la
« boche li mist son *doi* plus grant. »

[2] **Mais on le chercherait vainement dans l'édition éclectique mise en lumière par M. Jean-Louis Bourdillon.

même goût : on ne s'y sauve de l'ennui que grâce au ridicule.
Évidemment les rhéteurs du xiiie siècle ou du xive n'ont absolument rien compris au mérite de l'œuvre primitive : ils
ont passé à côté du génie de Theroulde sans l'apercevoir ni
le soupçonner.

Cependant une édition du texte de Versailles, complète,
cela va sans dire, faite avec soin, et accompagnée de notes
critiques, serait une publication des plus utiles pour l'étude
du moyen âge. Ce qui serait bien plus intéressant que la
composition elle-même, ce serait de rechercher l'esprit des
modifications et des développements apportés au texte primitif, et la comparaison de ces deux textes révélerait sans doute
une foule de détails curieux. J'observe, par exemple, que dans
le dénombrement des cohortes de Charlemagne, Theroulde,
qui était Normand, a fait le plus brillant éloge de la valeur
des Normands ; c'est tout naturel. Il élève ses compatriotes
au-dessus du reste des Français :

> Ja pur murir cil n' erent recreanz ;
> Suz cel n' ad gent qui plus poissent en camp !

Ce sont les premiers soldats du monde sur un champ de
bataille, et ils sont commandés par leur vieux duc Richard.
Un duc de Normandie, le duc Richard, contemporain de
Charlemagne, est un anachronisme à scandaliser les pédants
du xixe siècle ; le xie siècle ne prenait point garde à ces baga-
telles. Voilà qui va fort bien.

Mais au xiiie siècle survient un rimeur qui entreprend de
remettre à neuf l'œuvre surannée de Theroulde. Celui-ci
n'est pas Normand : je le suppose Parisien. Or Theroulde n'a
parlé nulle part des Parisiens ; c'est un oubli à réparer.

Notre rajeunisseur n'y sera point embarrassé : un peu avant de mentionner la cohorte normande, Theroulde avait dit en termes généraux et sans désignation spéciale :

> Si chevauchez al premer chef devant,
> Ensemble ad vos quinze milie de Francs,
> De bachelers, de nos meillurs vaillanz.

Une très-légère modification va donner contentement au patriotisme de l'arrangeur :

> Ensemble od vos *vingt mille Parisan*,
> Tuit bacheler et noble conquerant !

Ce qui, par parenthèse, prouve que dès le xiiie siècle les *enfants de Paris* avaient leur réputation faite.

En revanche, l'éloge des Normands perd beaucoup de son éclat :

> Vingt mille sont, hardiz et combattant.
> Ja pur murir n'en ira uns fuiant.

Voilà ce que sont devenus, sous la plume apparemment intéressée de l'arrangeur, ces premiers soldats du monde : la banalité de la louange les a fait rentrer dans la foule.

Toutes les peuplades de la Grèce avaient l'ambition de montrer leur nom inscrit dans le dénombrement du second livre de l'*Iliade ;* Theroulde paraît avoir eu au moyen âge la même fortune et la même autorité qu'Homère chez les anciens, et j'ose dire qu'il n'en était pas indigne. Le rapprochement est aussi légitime entre Homère et Theroulde qu'entre Achille et Roland, et la nature en créant les deux héros prit soin de mettre à portée de l'un et de l'autre le poëte capable de le chanter.

Cette amplification décolorée d'ailleurs et noyée dans le verbiage donnerait matière à une multitude de remarques semblables, de nature à éclairer les mœurs civiles et les doctrines littéraires du XIIIᵉ siècle.

Le texte du manuscrit de Versailles me paraît l'aîné des trois rajeunissements; en général, il suit de plus près le vieux texte d'Oxford. J'observe que partout où Theroulde avait mis *les Françeis*, les textes rajeunis, celui surtout du manuscrit de Paris, substituent *les chrestiens;* l'affectation est frappante. Dans Theroulde, le sentiment de la nationalité prédomine; dans ses paraphrastes, c'est le sentiment de l'antagonisme religieux. De ce fait seul ne pourrait-on pas inférer que les dernières rédactions sont contemporaines des croisades, tandis que la première leur est antérieure?

Une autre indication peut se tirer aussi de l'emploi du merveilleux. Dans Theroulde, cet emploi est franc et large, soit qu'il s'agisse du merveilleux surnaturel, ou des prodiges de la force humaine. Le poëte ne marchande à l'auditeur ni l'intervention divine, ni les coups d'épée qui fendent en deux moitiés un guerrier sur son cheval, en sorte que l'homme ne garantit pas même la bête, et que le cavalier et sa monture roulent morts sur le gazon. C'est là qu'on voit quatre Français soutenir à eux seuls le choc de quarante mille païens; il est vrai que ces quatre Français sont Roland, Olivier, Gautier de Luz et l'archevêque Turpin! Il ne fallait pas moins qu'une armée pour blesser à mort de semblables héros, encore les infidèles sont-ils mis en fuite. Combien donc avaient-ils perdu de soldats? On le sait au juste, répond gravement Theroulde; le chiffre en est mar-

qué dans les chartes : plus de quatre milliers. Turpin, avec
quatre épieux dans le corps, se battait encore vaillamment!

Tout est sur cette échelle grandiose, et le poëte se pro-
mène au milieu de ce merveilleux sans jamais perdre sa
dignité, son calme, sans témoigner aucune surprise; c'est
le sang-froid de l'histoire, le naturel de la vérité.

Mais dans ses imitateurs il n'en est plus de même : ceux-
ci ont peur du merveilleux; on sent qu'ils l'emploient timi-
dement, avec réserve, en l'atténuant tant qu'ils peuvent et
le rapprochant des proportions du réel. C'est ainsi qu'en
use Voltaire dans la *Henriade*, avec une discrétion pleine de
respect pour la physique et la philosophie. Choisissons un
exemple : Roland, pressé par le nombre des ennemis, se
décide à sonner du cor pour rappeler Charlemagne et l'a-
vant-garde. Il sonne avec tant d'effort que la veine de son
front en éclate! aussi la voix du cor fut-elle entendue à
trente lieues, et des grandes!

> Granz trente liwes l'oïrent il respondre.

C'est Theroulde qui l'affirme; mais le premier rajeunisseur recule devant cette assertion. Trente lieues! la moitié
lui paraît déjà bien suffisante, il met donc :

> Grans quinze lieues en est la voix alec.

C'est le texte de Versailles. L'auteur du texte de Paris a
bien de la peine à admettre les quinze lieues; il les admet
pourtant, mais non pas quinze grandes lieues : quinze lieues
tout au plus :

> Bien quinze lieues li oïc en ala.

Enfin, leur maigre abréviateur, le rédacteur du texte de Lyon, n'accorde plus que six lieues! à la vérité il les met grandes :

De six grans lieues la terre retenta.

Six lieues! quelle pauvreté! un héros, un Roland, qui se rompt la tempe à corner, et pour quoi? Pour être entendu à six lieues! c'est bien la peine! Ne voit-on pas que celui-ci écrivait dans un temps où Theroulde revenant au monde aurait eu le droit de s'écrier :

Terra malos homines nunc educat atque pusillos!

Nous sommes arrivés à une époque dégénérée, où la foi n'existe plus; nous sommes au xive siècle, où perce déjà l'esprit sceptique de Montaigne, où l'esprit ironique et railleur de Rabelais et de Voltaire commence à pétiller au milieu des populations. Encore un peu de temps, et don Quichotte viendra exterminer les restes de la chevalerie; et Despréaux dressera le code de l'*Art poétique* au nom de la raison; et madame de Sévigné regrettera vainement ces grands coups d'épée et toutes ces merveilles qui répandaient jadis un intérêt si puissant, un si vif éclat sur l'œuvre désormais incomprise du sage Theroulde.

CHAPITRE VII.

Imitations et traductions du *Roland*, soit en France,
soit à l'étranger.

Sur un tel sujet, un poëme du mérite de celui-ci ne put
manquer d'être célèbre. La littérature française du moyen
âge nous est encore mal connue : un petit nombre d'ouvrages exhumés au gré du hasard plutôt qu'au choix du
goût ne saurait nous fournir beaucoup de renseignements sur
les livres le plus en vogue aux xi⁰ et xii⁰ siècles, sans compter
encore que ces monuments sont peu étudiés. Cependant
il est sûr déjà que deux grandes compositions du xii⁰ siècle,
Agolant et *Gérard de Viane*, présentent non-seulement des
allusions au *Roland*, mais plusieurs passages visiblement
imités du poëme de Theroulde.

L'action de *Gérard de Viane* se place chronologiquement
avant celle du *Roland;* elle en est pour ainsi dire l'introduction immédiate [1] : Roland et Olivier ont fait connaissance
au siége de Vienne par un duel terrible qui dure une journée entière et ne prend fin que par l'intervention d'un mes-

---

[1] Il ne faut regarder qu'aux faits du récit, sans s'arrêter aux dates, que les
poëtes ne s'embarrassaient guère de calculer ni de faire concorder.

L'action de *Gérard de Viane* se passerait en 801, d'après les propres paroles
de Charlemagne :

> Mien escienîre xx ans at eu mon nom
> Que je suis rois de France le roion.
> (Ap. Bekken, v. 1580.)

Charlemagne est arrivé au trône de France en 781; il y a vingt ans qu'il
est roi : cela nous met donc en 801. Et la bataille de Roncevaux est de 778.

sager céleste. Un épais nuage descend les séparer, et du sein du nuage un ange leur adresse la parole : « Réservez vos coups pour les Sarrasins. Vous irez en Espagne combattre les troupes du roi Marsille, et Dieu vous récompensera richement en mettant vos âmes avec lui dans sa gloire [1]. » Dès lors commence l'amitié des deux jeunes héros.

C'est également au siége de Vienne que Roland aperçoit la sœur d'Olivier, la belle Aude, dont il tombe éperdument amoureux. Au dénouement, Charlemagne, enfin réconcilié avec Gérard, lui demande la main de sa nièce pour son neveu; le duc de Vienne s'empresse de l'accorder; on célèbre les fiançailles, où l'archevêque Turpin dit la messe et prêche (le poëte donne même un fragment du sermon); la noce avec le surplus est ajournée au retour de l'expédition d'Espagne que Charlemagne annonce solennellement à ses preux. Mais ce terme, ajoute le poëte naïf, n'arriva jamais :

> Mais Sarrazin ke li cors Deu crevance,
> Les departirent ke il ne la pot panre;
> Ce fu duel et damaiges!

Mais la distraction du poëte est bien plus forte dans les vers que Charlemagne ajoute immédiatement :

> Ne trouvai prince tant fust de grant renom
> Qui me ferist sur mon hiaume à bandon,
> *Se ce ne fussent li Sarrazin felon.*

Charlemagne, ici, parle de sa guerre contre les Sarrasins comme d'une affaire passée, et au dénouement il annoncera cette expédition comme résolue et prochaine.

C'est que l'auteur de *Gérard de Viane*, lorsqu'il écrivait, avait lu le *Roland*. Sa préoccupation le trahit; il oublie les convenances du personnage qu'il met en scène, et le fait parler comme lui-même il parlerait. Cette étourderie du poëte révèle l'antériorité de l'ouvrage de Theroulde, et s'ajoute surabondamment aux autres preuves.

[1] Vers 3040 et sqq. ap. Bekker.

« Les Sarrasins, que Dieu confonde, les séparèrent en sorte
« qu'il ne la put jamais posséder; dont ce fut deuil et dom-
« mage ! »

Ici le poëte résume en quelques vers l'histoire déplorable
de cette expédition : Vous en avez, dit-il, assez ouï la chanson : comment Ganelon les trahit et occasionna la mort de
Roland, des autres pairs et des vingt mille hommes tués par
Marsille à Roncevaux (Dieu leur fasse paix !) :

> Molt bien avez oie la chanson
> Comment il furent trahi par Guenelon;
> Mors fu Rollans et li autre bairon
> E li xx mille (ke Deus face pardon !)
> Ke en Roncevaux ocist Marsilion.

Ainsi l'auteur de *Gérard de Viane* est venu combler une lacune : lorsqu'il s'est mis à écrire, un poëme de Roncevaux existait; si ce poëme n'est celui de Theroulde, quel peut-il être?

Le perfectionnement relatif du langage et de la forme littéraire ne permet pas une minute de renverser l'ordre et de
faire arriver le *Roland* après *Gérard de Viane;* si vous ne
voulez pas que le texte désigné par *Gérard de Viane* soit
le texte de Theroulde, il en faut trouver un autre d'égale
antiquité; cette hypothèse que rien n'appuie, il faut la faire
prévaloir sur un fait.

Mais voici autre chose. Le poëme d'*Agolant* est du
XIIe siècle, comme *Gérard de Viane*. L'archaïsme toutefois y
paraît beaucoup plus marqué, non-seulement dans le style,
mais aussi dans les mœurs. Je n'hésiterais donc pas à le dé-
clarer l'aîné des deux, l'un et l'autre fort postérieurs à
Roland. En effet, on ne s'y contente plus de la simple assonance ; la rime y est cherchée, exacte; dans la mesure,

plus de ces étranglements que la récitation produit et dis-
simule, et dont le *Roland* foisonne (*Ki's, je's, ne's, je l'com-
mant, etc.* pour *qui les, je les, ne les, je le commande*); en un mot
ce sont déjà des compositions écrites, destinées à être jugées
par l'œil autant que par l'oreille, à être lues autant qu'à être
chantées, tandis qu'être chanté paraît avoir été la destination exclusive du *Roland*. Ce sont des œuvres rivales de ces
longs romans de la Table-Ronde évidemment composés pour
la lecture en commun ou le silence du cabinet.

Or le poëme d'*Agolant* offre des imitations frappantes de
celui de Theroulde, dans l'ensemble comme dans les détails.
C'est encore une guerre de Charlemagne contre les Sarrasins d'Espagne. Agolant est un roi sarrasin comme Marsille,
mais celui-ci est secondé par son fils Hiaumont. Les deux
armées sont campées des deux côtés du redoutable *Aspremont*
(ce sont les Pyrénées [1]), dont le poëte fait une description
longue et terrible : Apremont est le séjour des glaces et des
neiges éternelles; nul chemin, nul sentier; partout des rocs
et des précipices, des cavernes remplies de serpents, d'ours
blancs, de griffons ailés; je ne dis rien des aigles, des vau-
tours et autres tels oiseaux de proie. Il s'agit de trouver un
guerrier capable de gravir au sommet d'Apremont pour
explorer et compter les bataillons de l'armée païenne. Charlemagne renouvelle ici la scène de la délibération sur le
choix d'un ambassadeur à Marsille; c'est un calque fidèle :
plusieurs chevaliers se présentent successivement: chacun fait
un petit discours que Charlemagne interrompt par un refus
sec : « Allez vous asseoir; — n'en parlez plus sans mon

[1] M. de Roquefort se trompe en disant qu'*Aspremont* ce sont les Alpes ou
l'Apennin.

ordre ; — vous n'irez pas ; — taisez-vous quand vous n'êtes pas interrogé. » A la fin, l'empereur accepte un chevalier obscur d'une fortune aussi humble que sa naissance. Il ne voulait compromettre personne de sa noblesse.

L'auteur avait sous les yeux la page de Theroulde[1].

Dans un autre passage, le fils du roi sarrasin, Hiaumont, s'est imprudemment attaqué aux troupes de Charlemagne. Agolant, avec une partie de son armée, est loin de là ; il est à Rise, l'admirable cité. Rise paraît être le même lieu qui dans Theroulde s'appelle *Sizer*, et où Charlemagne passait les défilés avec son avant-garde quand Roland et l'arrière-garde furent surpris par les Sarrasins. Ici, au rebours, ce sont les chrétiens dont le nombre va écraser les païens. En ce péril, un ami d'Hiaumont, jouant le personnage d'Olivier, presse Hiaumont, comme un autre Roland, de sonner de son cor pour rappeler le roi à son secours. Les termes sont presque les mêmes :

Et car soit or vostre olifant sonné ;
Li Rois l'orrat à Rise la cité,
Secorra vos, ja n'en iert retorné ;
Ou se ce non, mal sommes atorné[2].

Hiaumont, plus docile que Roland, se résigne à suivre ce conseil, mais la ville de Rise est trop éloignée : son père ne l'entend pas.

Il y a au troisième chant de *Roland* un très-bel endroit : c'est lorsqu'en face d'un désastre inévitable, l'archevêque Turpin sur son cheval blanc harangue les soldats chrétiens du haut d'un tertre, leur annonce la bataille, la mort, et

[1] Voyez la note sur I, 273.
[2] Voy. *Roland*, II, 401.

les absout de tous leurs péchés, leur enjoignant pour pénitence de frapper vaillamment. « Le paradis, leur dit-il, est ouvert; vos siéges y sont prêts : ce soir vous serez tous de saints martyrs! » On croit entendre Polyeucte :

> Mais déjà dans le ciel la palme est préparée!

Ce passage se retrouve dans *Agolant*, mais comment ajusté! L'archevêque, après avoir déclaré qu'il sera bref, attendu l'imminence du danger, se met à passer en revue les principales circonstances de la vie de Jésus-Christ et les détails de sa passion; il y emploie trente vers, et poursuit pendant deux pages son interminable discours, où il paraphrase les paroles de Turpin : Celui qui frappera bien sur les Sarrasins et s'exposera au martyre, Dieu lui ouvrira le paradis, le fera couronner et servir, l'asseoira à sa droite. Je veux aujourd'hui vous remettre tous vos péchés sans qu'il vous faille les confesser de bouche :

> La penitence sera de bien ferir.

Et encore une page plus loin : Bons chevaliers, chevauchez en avant; combattez bien et en toute sécurité : le paradis est ouvert dès le point du jour, *dès l'ajornant :*

> Là nos attendent li anges en chantant.

Quelle gaucherie, quelle froideur dans cette amplification! Turpin s'exprime comme un brave dans le tumulte du champ de bataille : il est ému, concis, éloquent. L'archevêque d'*Agolant* n'est qu'un prédicateur de village, débitant du haut de sa chaire un sermon appris par cœur, devant un auditoire qu'il endort [1].

---

[1] Cf. BEKKER, *Fierabras, etc.* p. 185.

Mais le plagiat est manifeste.

Il serait également fastidieux et inutile de poursuivre toutes les allusions au *Roland* répandues dans les poëmes français du moyen âge. Il suffit de dire en général que ces poëmes sont innombrables, et qu'il n'en est peut-être pas un (du cycle carlovingien) qui ne parle de Roland. Ce serait un dénombrement bibliographique ; laissons-le de côté : *Seit par dit*, comme disait le bon évêque de Durham[1].

Mais nous ne renonçons pas de même à jeter un coup d'œil sur les traductions ou imitations du *Roland* faites au moyen âge dans les langues étrangères. Notre orgueil national doit éprouver une satisfaction légitime à voir couler de toutes parts chez les nations voisines ce grand fleuve de poésie épique dont la source jaillissait en France.

Parmi les nations empressées à nous emprunter les récits de Charlemagne et de Roncevaux, la poétique Allemagne ne fut pas la dernière. Le P. Lelong indique une « histoire des faits et gestes de Roland et de Charlemagne, en vers allemands, par Wolfram d'Eschembach. » — « Le même poëme, ajoute-t-il, est dans la bibliothèque de l'Empereur sous ce titre : *La vie et les actions de Charlemagne*, en vers allemands. Celui qui l'a retouché s'appelle Stricker[2], selon de Nessel. » Le P. Lelong ne fait pas autrement connaître cet ouvrage, ni sur quel motif il le donne à Wolfram d'Eschembach.

Plus tard, Scherz publia dans les *Antiquités teutonnes*, de

---

[1] Cf. Tyrwhitt, *Introduction aux Contes de Canterbury.*

[2] Le texte porte *Strichemer*, sans doute par une faute d'impression.

Schilter, un poëme allemand de la guerre de Charlemagne contre les Sarrasins, sans nom d'auteur. Dans sa préface, Scherz conjecture que c'est l'ouvrage attribué par le P. Lelong à Wolfram d'Eschembach, et cette conjecture est d'autant plus vraisemblable, que ce texte est évidemment l'original remanié par Stricker, dont la paraphrase est mise à la suite.

Mais le manuscrit de Strasbourg dont Scherz et Schilter s'étaient servis était fort incomplet, et ils le croyaient unique. Il s'en est retrouvé depuis un exemplaire entier dans la bibliothèque de Heidelberg, et celui-ci nous révèle à la fin le véritable nom de l'auteur, avec une autre circonstance non moins importante : « Je m'appelle, dit le « poëte, le curé Conrad. J'ai traduit ce livre *du français*, « d'abord en latin, ensuite en allemand. » Devant un texte aussi positif l'autorité du P. Lelong pâlit et s'efface.

Quel était ce curé Conrad? on ne sait de lui que ce que lui-même nous en apprend : qu'il était au service d'un duc Henry, dont la femme, fille d'un roi puissant, désira voir une traduction allemande du livre français.

M. Guillaume Grimm fait voir que ces indications ne peuvent s'appliquer qu'à Henry le Lion, duc de Brunswick, époux de Mathilde Plantagenet, fille de Henry II d'Angleterre. On sait combien Henry II fut un chaud partisan de notre langue et de notre littérature; la duchesse sa fille avait probablement appris à la cour de son père à sentir le mérite de Theroulde. Henry le Lion était lui-même grand amateur de ces vieux monuments : accablé des infirmités de l'âge, dit un historien, il alimentait noblement la vertu naturelle de son âme, faisant rechercher, transcrire et ré-

9.

citer en sa présence toutes les vieilles chroniques; et souvent il passait la nuit entière à veiller et écouter[1].

La duchesse de Brunswick mourut en 1189, la même année que son père. M. Grimm, s'appuyant sur des données historiques, conjecture avec beaucoup de vraisemblance que la traduction du curé Conrad fut faite entre 1173 et 1177[2].

Le curé Conrad est d'ailleurs parfaitement inconnu; son style et son langage annoncent un contemporain de Wolfram d'Eschembach, et tout fait croire que l'original français sur lequel il a travaillé est le poëme de Theroulde : ce sont les mêmes faits, dans le même ordre, les mêmes noms propres d'hommes et de lieux, sauf l'altération résultant de la prononciation allemande : *Palligant, Planscandies*, pour *Baligant, Blancandrin; Margries von Sibillie* pour *Margaris de Sibille;* l'Èbre, qui dans Theroulde est nommée *Sebre*, est chez le curé Conrad *Saybra;* le mot français *olyfant* est conservé pour désigner le cor de Roland, etc. etc.

Stricker, le rajeunisseur et le paraphraste de Conrad, a pris soin de nous apprendre son nom dès le début, et en finissant il déclare avoir emprunté la matière de son livre à Conrad[3]. Son témoignage vient ainsi confirmer celui du ma-

---

[1] *Chronicon Stederburgense,* ap. Script. rer. Brunsvic. p. 86.

[2] *Ruolandes liet,* préf. p. 32.

[3] *Den hat geschriben Chunrat.* Scherz et Schilter, prévenus de l'opinion du P. Lelong que Wolfram d'Eschembach était l'auteur du texte anonyme de Strasbourg, entendent ce mot *geschriben (écrit)* dans le sens propre d'une écriture matérielle, et non de la composition intellectuelle de l'ouvrage. Selon eux, le curé Conrad n'aurait été que le copiste, le scribe chargé de transcrire les vers de Wolfram remaniés par Stricker. Cette interprétation ne peut se soutenir depuis la découverte du manuscrit de Heidelberg.

nuscrit de Heidelberg, et il ne peut plus être question de
Wolfram d'Eschembach, à moins qu'on ne veuille prétendre
que le curé Conrad est un pseudonyme. Il faudrait savoir
les raisons du P. Lelong.

Quoi qu'il en soit, Stricker doit avoir vécu vers le xive
siècle, car au poëme de Conrad il a cousu une introduction empruntée à la *Berthe aux grands pieds* d'Adenes; ensuite il s'est visiblement servi des remaniements du *Roland*
exécutés en France sous le règne de S. Louis, dont nous
parlerons tout à l'heure. Sa paraphrase contient des détails
importants qui ne se trouvent ni dans Conrad ni dans
Theroulde, mais qui se trouvent dans les textes français rajeunis, par exemple, la fuite de Ganelon de la montagne
de Laon, la poursuite d'Othon qui parvient à le rattraper,
leur combat, etc. [1]

Scherz, en lisant l'exemplaire tronqué de Strasbourg, avait
déjà conjecturé que le poëme allemand découlait d'une
source française : l'exemplaire complet de Heidelberg a
changé cette conjecture en certitude.

Mais ce poëme du curé Conrad et la paraphrase rajeunie
de Stricker ne sont pas les seules imitations allemandes de
l'œuvre de Theroulde.

---

[1] Il semble pourtant avoir eu sous les yeux en même temps l'ancien texte
de Theroulde. Voici, entre autres rapports sensibles, deux vers dont les rimes
sont les mêmes dans l'allemand et dans le français :

> Puis apelat dous de ses chevalers :
> L'un Clarifan et l'autre *Clarien*
> Vus estes filz al rei *Maltraien.* . . . .
>   (IV, 272.)
>
> Er spruch : Clarion und *Clarions*
> Ewer vater der chunich *Mallereus.* . . . .

Ces deux couplets sont sur d'autres rimes dans les textes français rajeunis.

A une époque où l'étude des monuments de notre moyen âge était à peine commencée, en 1803, un Bavarois, le baron d'Arétin, publia une brochure[1] destinée à faire connaître un très-vieux manuscrit allemand, provenant de l'abbaye de S. Étienne près de Frisingue, actuellement dans la bibliothèque de Munich, où il doit encore exister à cette heure.

Ce manuscrit, divisé en dix-huit chapitres, embrasse l'histoire de Charlemagne depuis sa naissance jusqu'après l'affaire de Roncevaux. M. d'Arétin donne textuellement les six premiers chapitres; il se contente d'analyser les douze autres.

Il estime cet ouvrage du XIII° siècle. Le style, rempli de mots et de tournures françaises, l'induit à croire que le moine de S. Étienne travaillait d'après un texte français; et les rapports nombreux et frappants entre cette chronique et les poëmes publiés dans Schilter lui persuadent que les trois auteurs copiaient le même original, un original français.

La sagacité du savant Bavarois ne le trompait pas; il suffit aujourd'hui de lire ses extraits et ses analyses pour reconnaître tout de suite que le moine de S. Étienne traduit dans la première partie de son travail le roman de *Berthe aux grands pieds* d'Adenes, et dans la seconde, le *Roman de Roncevaux* de Theroulde[2], si l'on n'aime mieux dire qu'il traduisait la chronique où Theroulde déclare avoir puisé,

---

[1] *Aelteste sage uber die Geburt und Jugend Karles des Grossen.* (München, 1803.)

[2] M. d'Arétin s'est aperçu de la première moitié de cet emprunt : dans une note à la suite de sa brochure, il avertit qu'il a vu à la Bibliothèque nationale de Paris le roman de *Berthe* copié par le moine de S. Étienne.

et qu'il désigne sous ce titre : *la Geste Francor*. D'une ou d'autre façon, l'influence française en Allemagne, au moyen âge, est incontestable.

Je ne m'arrêterai pas longtemps à la rechercher en Italie, où nos romans carlovingiens ont laissé les traces les plus apparentes; ce serait presque un soin superflu : les noms de Pulci, de Boiardo, d'Arioste, s'offrent naturellement ici à toutes les mémoires.

Je me bornerai donc à un petit nombre de remarques moins banales.

Et d'abord, la forme de l'octave n'est-elle pas déjà une imitation du couplet monorime de nos romans épiques? Cette forme, qui parut pour la première fois dans la *Teseide*, et dont les Italiens attribuent l'invention à Boccace, est-elle autre chose que ce couplet régularisé, assujetti à une étendue et des limites certaines? La variation des deux rimes qui rompt l'uniformité, et sur lesquelles s'appuie l'octave entière, paraît l'imitation d'une forme employée dans *Gérard de Viane*, dans *Jourdain de Blaye* et plusieurs autres, où le couplet monorime se termine toujours par un petit vers à désinence féminine et non rimé. Cette chute originale et piquante a bien pu suggérer la modification des deux derniers vers de l'octave. En tout cas, il est hors de doute, et Bembo lui-même reconnaît que l'octave proprement dite existe dans les poésies de Thibault, comte de Champagne : Pasquier en avait fait la remarque avec raison. On sait avec quelle ardeur Boccace, durant ses années d'apprentissage à Paris, étudiait notre littérature ; on a cent et cent fois mis en évidence le profit qu'il a tiré de nos fabliaux pour son

Décaméron. Il n'est pas présumable que cet esprit si vif et si curieux eût négligé nos épopées romanesques, ni que cette lecture fût demeurée pour lui complétement infructueuse. Ainsi tout porte à croire que la forme de l'épopée italienne est un emprunt fait à notre vieille épopée nationale, une importation étrangère, accomplie par un homme de génie, qui serait lui-même Français, voire Parisien, si la nationalité se réglait exclusivement par le lieu de la naissance, et si la patrie était toujours la terre où l'on a commencé de respirer le jour[1].

Les historiens de la littérature italienne font connaître les épopées indigestes et ténébreuses qui précédèrent le rayonnement de l'Arioste : *I Reali di Francia;* (en prose) *Buovo d'Antona ; la Regina Ancroja,* etc. etc. La première de ces compositions, dans l'ordre chronologique, est *la Spagna,* en quarante chants, d'un Florentin appelé Sosthène ou *Sostegno de' Zanobi.* C'est une assommante compilation de la chronique de Turpin mélangée avec d'autres matériaux dont le rimeur n'indique pas l'origine. Je me sers ici des paroles de Ginguené : « Le poëte cite souvent le livre d'où il tire cette histoire qu'il a entrepris de raconter : *si mon auteur ne me trompe pas,* dit-il, ou bien : *le livre me le dit ainsi,* ou autre chose semblable. On voit presqu'à chaque instant que c'est la chronique attribuée à Turpin qu'il a sous les yeux, et il ne fait souvent que la mettre en vers ; cependant il ne nomme jamais Turpin comme auteur de ce livre ; bien plus, il met ce Turpin, qui était en même temps paladin et archevêque,

---

[1] Boccace naquit à Paris en 1313, fruit d'une liaison d'amour que son père y avait formée pendant un voyage d'affaires. Ainsi la mère de Boccace était une Française.

au nombre des héros chrétiens qui périrent les armes à la
main à Roncevaux, avec Roland. » Ginguené ajoute : « N'en
pourrait-on pas conclure qu'au xive siècle, où cette chronique
était fort connue, on ne l'attribuait point encore à l'archevêque Turpin ? »   •

Cette conséquence est d'autant moins acceptable que dans
le cours du récit Turpin lui-même se déclare l'auteur,
ego Turpinus, et se met continuellement en scène à côté de
Charlemagne. Ginguené eût été conduit à une conclusion
toute différente, s'il eût été plus familier avec notre vieille
littérature, et surtout s'il eût connu soit le poëme de Theroulde, soit les remaniements de ce poëme, où l'on voit
Turpin succomber à côté de Roland. Je ne doute pas,
pour moi, qu'un de ces textes ne fût *le livre, l'auteur*, attesté par Sostegno de' Zanobi, et l'autorité sur la foi de laquelle il s'est éloigné de son guide ordinaire. En beaucoup
d'endroits on sent l'original français sous la paraphrase in-
sipide du traducteur florentin; par exemple, dans la scène
où Charlemagne délibère sur le choix d'un ambassadeur à
Marsille, et après avoir refusé les offres d'Olivier, de Turpin,
de Roland, finit par désigner Ganelon : Par cette barbe,
dit l'empereur,

> Par ceste barbe que veez blancheer
> Les duze pairs mar i serunt jugez!
> > (*Roland*, I, 262.)

> Carlo rispose : « Tra quei Saracini
> Non vo che vada niun dei Paladini! »
> > (*La Spagna*, cant. xxix.)

> « Francs chevalers, dist l'empereres Carles,
> Car m' eslisez un barun de ma marche

Qu'a Marsiliun me portast mun message. »
Ço dist Rollans : « Ço ert Guenes mis parastre. »
Dient Franceis : « Car il le poet bien faire.
Se lui laissez n'i trametrez plus saive. »
                    (*Roland*, I, 274.)

« Mandare vi voglio un altro gran barone
Il quale sia savio e ben interpretato. »
Rispose Orlando : « Mandavi Ganelone,
Ch' è tutto quello ch' avete contato;
Non è in tutto questo padiglione
Migliore di lui a cotal trattato. »
Quei del consiglio allhora piccoli e grandi
Gridarono tutti : « Ganelone si mandi ! »
                    (*La Spagna*, cant. XXIX.)

On retrouve aussi tous les détails et presque les expressions de la scène où Blancandrin se présente devant Charlemagne avec les présents et les promesses du roi Marsille.
   Quelles sûretés m'offre votre maître? demande l'empereur :

Voet par ostages, ço dist li Sarrazins,
Dunt vus aurez u diz, u quinze, u vint.
Quant vus serez el palais seignurill
A la grant feste seint Michel del Peril,
Mis avoez la vus suivrat, ço dist,
Enz en vos bains que Dieu pur vos y fist;
La vuldrat il chrestiens devenir.
                    (*Roland*, I, 146.)

Rispose : « Quando sarete tornato
In Franza bella con vostra compania
Per la festa di santo Michele beato,
Marsilio con gran seguito di Spagna
Verra in Franza, come v'ho contato,

A battizarsi con sua turba magna,
Allhora in gran tributo a recarti
E anche per ostagi menarti. »
(*La Spagna,* cant. XXIX.)

Il est évident pour moi que Sostegno de' Zanobi tire toute la première partie de son ouvrage du roman de *Fiera-bras* et de la *Chronique de Turpin,* et que le poëme de The-roulde lui en a fourni la seconde moitié.

Une proposition qu'affectionnait Voltaire et qu'il repro-duit en cinq ou six endroits de ses œuvres, c'est que les Italiens ont été nos maîtres en tout. Cela peut paraître vrai lorsque la comparaison ne remonte pas au-dessus du XVI° siècle; mais si Voltaire, ne s'arrêtant pas à la Renaissance, avait porté ses regards dans le moyen âge proprement dit, il eût vu avec admiration l'Italie prendre la France pour modèle, surtout en littérature : il eût constaté facilement que l'Italie s'empressait à traduire, analyser, copier, soit en vers, soit en prose, les vastes compositions épiques de la France, tellement que de ces compilations la plus volumi-neuse (*I reali di Francia*) nous rend aujourd'hui le service de nous faire connaître en substance certaines parties de nos originaux perdus. Pendant plus de trois cents ans les chroniques poétiques de la France mirent en fermentation le génie italien ; et quand vint ensuite le XVI° siècle, com-ment l'Arioste se préparait-il à illustrer son pays? par l'étude de nos livres français, qu'il lisait dans le texte, et que, non content de lire, il essayait, afin de s'en pénétrer mieux, de transporter dans sa langue. Oui, l'auteur du *Roland furieux* a commencé par être le traducteur de *Go-defroy de Bouillon* ou du *Chevalier au Cygne.* Aussi lui en reste-t-il beaucoup ; et ceux qui liront, par exemple, *Bau-douin de Sebourg*, y retrouveront à un degré surprenant la manière de l'Arioste : l'esprit de mots, la verve caustique , le décousu capricieux de la narration, et surtout cette hu-meur railleuse qui se moque perpétuellement du sujet, du lecteur et de l'auteur lui-même. L'influence et les allures du *Baudouin* sont aussi faciles à reconnaître dans l'*Orlando*, que dans *Tom Jones* l'imitation du style du *Roman comique*.

Le *Roland furieux* est éclos de cette longue incubation du génie italien sur les œuvres du génie français : cela est incontestable. Que le poëme de Theroulde ait couru l'Italie, c'est ce qui ne saurait non plus être un seul instant douteux. Il subsiste même encore de ce poëme, ainsi que de plusieurs autres, des copies rédigées en une sorte d'idiome mitoyen, en français italianisé ou italien francisé. Un de ces textes cu-rieux fait partie de la bibliothèque S. Marc à Venise ; je me propose d'en faire l'objet d'une note particulière à la fin de ce volume.

L'Espagne du moyen âge ne fournit qu'une seule épopée : c'est le poëme anonyme dont le Cid est le héros. Cette com-position, conservée dans un manuscrit du xive siècle, ne peut, suivant les critiques espagnols, être d'une date anté-rieure au milieu du xiie [1]: de leur propre aveu, il n'y faut point chercher les brillants de l'imagination, ni la force ou l'élévation de la pensée, ni les délicatesses de l'art ; les mé-

---

[1] Le Cid est mort en 1099. « Todo esto me hace congeturar que el poema del Cid se compuso à la mitad, o poco mas, del siglo xii°, acaso medio siglo despues de la muerte del heroe cuyas hazañas se celebran. » (SANCHEZ, *Poes. castell.* t. Iº, 223.)

rites par où l'ouvrage se recommande sont un certain air
de naturel et de vérité historique, la simplicité, et, ajoute
Sanchez son éditeur, la rusticité vénérable du temps passé.
Il n'y a donc, à cet égard, nul rapprochement à faire entre
cette œuvre et celle de Theroulde; mais en revanche le
côté matériel, le côté du style, présente continuellement les
rapports les plus sensibles : ce sont les mêmes formules,
les mêmes locutions, souvent les mêmes constructions gram-
maticales. Par exemple Theroulde et ses rajeunisseurs aiment
à procéder à l'énumération par cette formule :

> La veissiez vous mainz vers iaumes luisanz,
> Et tanz escus d'or tut reflamboianz,
> Tanz bons osbercs noielez ad argent,
> Et tanz destriers lor resnes traïnanz,
> Dont li vassal gisent morz par les champs.

> La veïst on tante broigne faussee,
> Tanz piez, tanz poinz, tante teste copee
> Dont li vassal gisent morz par la pree.

C'est aussi la manière constante de l'espagnol :

> Veriedes armarse Moros. . . .
> (v. 705.)
> Veriedes tantas lanzas premer e alzar,
> Tanta adarga foradar e pasar,
> Tanta loriga falsa desmanchar,
> Tantos pendones blancos salir bermiegos en sangre,
> Tantos buenos cavallos sin dueño andar!
> (v. 734.)

Cette tournure par l'accusatif absolu :

> Las lorigas vestidas e cintas las espadas.
> (v. 586.)

n'est-ce pas l'expression qui revient si fréquemment dans
Theroulde :

> Ceintes espees e lor bronies vestues.

Dans Theroulde il est question à chaque instant de l'or,
du cristal, c'est-à-dire des pierreries, de l'escarboucle d'un
casque démolis par un coup de sabre :

> Martin Antolinez un colpe dio à Galve,
> Las carbonclas del yelmo echogelas a parte.
>
> (v. 773.)

Cette autre expression : « j'en demande le coup, » pour signifier
je réclame l'honneur de le frapper le premier, est traduite
dans l'espagnol « pedir feridas : »

> Dist Malprimis : « Le colp vus en demant. »
>
> (IV, 802.)
>
> Miembrat' quando lidiamos cerca Valencia la grand,
> *Pedist' las feridas primeras* al campeador leal.
>
> (v. 3328.)

Le neveu de Marsille demande à son oncle un fief, c'est-
à-dire un don, c'est le coup de Roland :

> Dunez m'un feu, ço est le colp de Rollant.
>
> (II, 206.)

L'évêque don Hieronymo, sorte de contrefaçon de l'archevêque Turpin, dit au Cid : Je vous ai ce matin chanté la
messe ; je vous demande pour ma peine un don, c'est de
m'octroyer le premier coup :

> Hyo vos canté la misa por aquesta mañana,
> Pido vos un don, e seam' presentado :
> Las feridas primeras que las haya yo otorgadas.
>
> (v. 1715.)

Dans le poëme français, l'ange Gabriel est plusieurs fois
envoyé de Dieu vers Charlemagne, par exemple, la première nuit que passe l'empereur de retour dans la vallée de
Roncevaux jonchée de cadavres. Pendant cette nuit désolée,
l'ange, par l'ordre de Dieu, se tient au chevet de Charlemagne, et lui révèle l'avenir par deux songes prophétiques.
Un peu auparavant, le même ange était venu annoncer à
Charles que Dieu renouvelait en sa faveur le miracle de
Josué :

> Charles, chevalche, car tei ne faudrat clartet.

Il est malaisé de croire que ces deux passages fussent inconnus à l'auteur des vers suivants :

> Un sueño l' priso dulce, tan bien se adurmio.
> El angel Gabriel a el vino en sueño :
> Cavalgad, Cid el buen campeador,
> Ca nunqua en tan buen punto cavalgo varon !...

                                                (v. 408.)

C'est l'imitation d'un génie élevé par un chroniqueur
inculte.

Le *romancero* du Cid, dont on a fait un moment tant
de bruit, a bien perdu dans l'estime des savants : non que
ce recueil ne soit toujours très-remarquable au point de
vue de l'art, mais la merveille de cet art déchoit beaucoup
par la date récente que la critique assigne aujourd'hui à
cette composition plus artificielle que naïve. Je n'en parle
que pour signaler un emprunt manifeste de l'auteur anonyme à l'épopée de Roncevaux. Roland au moment suprême
de son agonie, sent une main qui se glisse pour lui dérober
Durandal ; c'était un Sarrasin qui espérait se faire un facile

trophée de l'épée du héros. Roland se soulève des ombres de la mort, saisit son olifant, et d'un seul coup fait voler la cervelle et les yeux du païen; après quoi il se recouche et achève d'expirer tranquillement.

Les rajeunisseurs du xiii⁰ siècle, toujours pressés de renchérir sur leur modèle, supposent que le Sarrasin voulut joindre l'outrage au larcin, et s'avisa de tirer la barbe de Roland :

> Li Turs parole a loi d'ome mal saige :
> « Par Mahomet qui fait croistre l'erbaige,
> Je vous trairai les grenons de la barbe! »
> Cele part va·, moult parfist grant oultraige
> Quant par la barbe prist Rollant le tres saige !
>
> *(Ms. de Paris,* 7227-5.)

> Li Sarrasin qui tant estoit desvé
> Par tel vertu a le grenon tiré
> Li sanc li raie jusqu'al neu del baldré.
>
> *(Ms. de Versailles,* 254-21.)

Le châtiment ne se fait pas attendre; il est tel que dans le poëme français.

La dernière romance du recueil de don Juan Escobar nous montre le Cid embaumé dans l'église de S. Pierre de Cardegna : il est assis, habillé comme s'il était vivant, sa bonne épée Tizona suspendue à son côté. Un juif s'introduit dans l'église (le juif est le Sarrasin des Espagnols du xvi⁰ siècle) et se tient à lui-même ce discours : « Voilà le corps de ce Cid dont l'éloge est dans toutes les bouches ! Ils disent que durant sa vie personne ne lui a touché la barbe : et moi, je veux la lui prendre de ma main, pour voir ce qu'il fera et s'il me fera peur. » Il exécute son projet; le cadavre porte la main à son épée, mais il n'en avait pas tiré du fourreau la largeur de la main, que le juif gisait étendu sur le pavé, mort de frayeur. Cette historiette est délayée en soixante-dix vers. Les rajeunisseurs avaient développé Theroulde; l'espagnol développa nos rajeunisseurs, et fut à son tour amplement développé par Herder. L'amplification est la ressource et le caractère des derniers venus.

Quelle île si perdue, quel coin de terre si reculé que l'histoire de Roncevaux n'y eût pénétré? Roland rappelle en mourant qu'il a conquis à Charlemagne «Escosce, Galle, Islande;» il dit vrai, car Olaüs Magnus témoigne que les bardes islandais mentionnent souvent dans leurs poésies le cor de Roland, dont le son portait à vingt milles.

Les Turcs, chose étrange! les Turcs, que Roland avait combattus, réclamaient Roland pour leur compatriote. Écoutez plutôt Pierre Belon : «La grand' espée de Roland pend encore pour l'heure presente à la porte du chasteau de Bource (l'ancienne Pruse en Bithynie). Les Turcs la gardent chere comme quelque reliquaire, car ils pensent que Roland estoit Turc[1].»

La même épée se conservait pareillement à S. Denis, à Blaye, au château de Roc-Amadour et ailleurs. Il paraît en avoir été de l'épée de Roland un peu comme du chef de S. Jean-Baptiste et de l'urne de Cana.

Enfin la patrie de Médée, le pays de la toison d'or, l'antique Colchide connaissait Roland : Busbecq, dans ses lettres, en parle ainsi : «Ils tendent des cordes sur une planche

[1] *Observations*, etc. liv. III, ch. XLII.

10

ou bien le long d'une perche, et frappent dessus en mesure. C'est au son de cet accompagnement qu'ils chantent
leurs maîtresses et leurs grands hommes, parmi lesquels le
nom de Roland revient souvent. Comment ce nom leur
est arrivé, je l'ignore, à moins qu'il n'ait passé la mer avec
les croisés de Godefroy de Bouillon.» Probablement la
Colchide fournirait aujourd'hui moins de renseignements
sur Jason et Médée que sur Roland et la belle Aude. Le
chef des Argonautes a cédé la place au neveu de Charlemagne [1].

CHAPITRE VIII.

De la versification du *Roland.* — Observations pour la lecture du texte.
— Un mot sur la forme de cette traduction.

Les règles de la versification de Theroulde ne sont pas
compliquées; on peut les réduire à deux points principaux:
la rime et l'hémistiche.

[1] M. F. Michel, à qui j'ai emprunté quelques-unes de ces indications, cite,
pour expliquer la diffusion des idées françaises au moyen âge par tout pays
civilisé, les vers suivants, tirés d'un poëme du xiii° siècle :

> Tout droit à celui temps que ci je vous devis
> Avoit une coustume ens el Tyois païs
> Que tout li grant seignor, li conte et li marchis
> Avoient entour aus gent françoise tousdiz
> Pour aprendre françois lor filles e lor fils.
>
> (*Berte aus grans piés*, p. 10.)

On voit par ce curieux témoignage jusqu'où remonte notre influence en
Europe; c'est une note essentielle à joindre au discours de Rivarol sur l'uni-
versalité de la langue française.

La rime est assonante, c'est-à-dire fondée sur la parité des voyelles; on ne tient nul compte des consonnes. C'est tout ce qu'il faut pour l'oreille. Le peuple encore aujourd'hui ne suit pas d'autre loi dans ses compositions poétiques : il fait sans scrupule rimer *arbre* et *cadavre*, un pluriel avec un singulier; dès que l'assonance s'y trouve, il suffit; le reste est un raffinement de littérateurs.

Mais aussi tout est sacrifié à la satisfaction de l'oreille; il n'y a point ici de rime pour les yeux : Theroulde n'écrivait que pour ceux qui ne savent pas lire.

Nos poëtes d'académie tout au rebours, n'écrivant que pour être lus, s'occupent avant tout de contenter les yeux. Cela les conduit à faire rimer ensemble *cher* et *chercher*, l'*hiver* et *trouver, les exploits* et *les Français.* Ils appellent cela des rimes, voire riches! Le xi⁰ siècle n'en eût pas voulu, mais le siècle de Louis XIV s'en est accommodé, en traitant l'autre de barbare et de grossier.

L'emploi des rimes assonantes est un caractère de haute antiquité. Déjà du temps de S. Louis les règles modernes de la rime sont observées, non pas absolument aussi sévères qu'au xvii⁰ siècle, mais peu s'en faut. Par exemple, on ne rencontre plus dès lors un singulier rimant avec un pluriel.

Le vers de dix syllabes est l'ancien vers épique, le véritable vers des chansons de geste; l'alexandrin n'y a été employé qu'à la seconde époque, au commencement du xiii⁰ siècle : ce fut une innovation dont le premier exemple paraît être le roman d'*Alexandre*, par Alexandre de Bernay ou de Paris. Les poëmes authentiques du xii⁰ siècle, comme *Guillaume d'Orange* et la *Chanson d'Antioche*, sont en vers de dix syllabes. S'il s'y rencontre çà et là un vers de douze, c'est par inadvertance du copiste ou du poëte.

L'hémistiche est toujours très-marqué, et, à cause de ce repos obligatoire, jouit du privilége d'une véritable fin de vers, c'est-à-dire qu'un *e* muet surabondant y est admis sans troubler la mesure, non plus qu'à l'extrémité d'un vers féminin, où l'on passe treize syllabes pour douze.

Par exemple :

> Pleine sa hanst*e* l'abat mort de la selle.
> Pur Karlemagn*e* Deus fist vertuz mult granz!
> Terre de Franc*e*, mult estes dulz païs!

Quelquefois même cet *e* muet est suivi d'une consonne, une *s* ou un *t*, sans laquelle l'élision aurait lieu et le vers serait juste selon nos règles modernes :

> Ja treis eschel*es* ad l'empereres Carles.
> Carles chevalc*et* od sa grant ost, li ber!
> Li emperer*es* ad fait suner ses corns.

Il faut bien se garder de détacher cette *s* ni ce *t* sur la voyelle initiale suivante. Ce sont des lettres muettes : le repos de l'hémistiche coupe le vers en deux parties qui ne se tiennent point par la prononciation.

Qui sans être averti jetterait la vue sur une page du *Roland,* n'y verrait qu'un amas de sons barbares et de vers faux, parce qu'il appliquerait à la notation du XIIe siècle les règles convenues de l'orthographe moderne. C'est vouloir ouvrir une serrure avec une fausse clef : on la force. Cependant personne, que je sache, ne s'est encore mis en peine de retrouver la véritable clef depuis si

longtemps égarée, c'est-à-dire, à parler sans figure, ne s'est
occupé d'assigner le rapport de la notation à la prononciation. Sans cela pourtant, comment peut-on se croire en
état de juger une langue, et surtout sa poésie? Cette objection si simple n'est venue à l'esprit de personne, mais tout
le monde décide hardiment : c'est une versification rude,
inculte et barbare, telle qu'on devait l'attendre de l'enfance
de l'art. Jugement rempli d'ignorance et de fatuité, dont
l'unique base est un ridicule anachronisme. Si l'on prononce
de la sorte à l'inspection d'un texte du moyen âge, c'est que
la langue et l'oreille sont dupes des yeux.

Qui doute que les vers du *Roland* ne nous parussent
tout autres récités par un contemporain de l'auteur que
dans la bouche d'un membre de l'Académie des inscriptions,
fût-ce un membre de la commission de l'histoire littéraire?

Celui qui ne sachant l'allemand ni l'anglais se mettrait à
épeler à la française un livre anglais ou allemand, et se
croirait ensuite fondé à prononcer sur l'euphonie de ces
deux langues, quelle épithète mériterait-il?

Mais ici, parce que le nom de la nation ne change pas,
on est persuadé que le langage et le système d'écriture ont
été également immuables, du xe siècle au xixe.

Aujourd'hui que les codes de notre langue et de notre
langage, grammaires, dictionnaires, etc., sont multipliés à
satiété, c'est à peine si l'on parvient à l'unité d'orthographe
et de prononciation. Qu'était-ce dans un temps où il n'existait encore ni dictionnaire ni grammaire? On sortait de la
langue latine : le latin était l'unique régulateur; mais c'é-
tait un principe dont chacun tirait les conséquences et faisait les applications à sa guise : le scribe, selon qu'il était

plus ou moins instruit, gouvernait son orthographe tantôt sur l'étymologie, tantôt sur la prononciation, qui variait de province à province. L'écriture peignait la parole d'une manière approximative et très-diverse; les inconvénients de cette liberté étaient moindres qu'ils ne le seraient de nos jours, car on lisait très-peu, et ceux qui savaient lire rectifiaient sans peine l'orthographe par la prononciation : il suffisait que les mots fussent reconnaissables, on ne cherchait pas au delà. Il s'ensuit que nous sommes obligés d'étudier dans chaque manuscrit un système nouveau, ou du moins variable sur quantité de points. Mais ces variations mêmes et ces discordances peuvent devenir des moyens de poursuivre et d'atteindre la vérité.

C'est ce que j'ai tenté de faire, et c'est le résultat sommaire de ce travail que je présente ici dans le but de venir en aide aux amis de notre vieille littérature, aux esprits sérieux et studieux, à qui la curiosité de voir enfin un véritable poëme épique en français, donnerait le courage de s'enfoncer dans le texte du *Roland.*

Les doubles consonnes ne sont que pour l'œil : la langue n'en prononce qu'une. La consonne finale ne sonne jamais que sur une voyelle initiale du mot suivant. Ainsi tout mot isolé, ou suivi d'un mot commençant par une consonne, se termine par le son ferme d'une voyelle.

Les consonnes euphoniques arment la fin des mots pour préserver la finale de l'élision ou pour prévenir l'hiatus. Il faut faire attention que les copistes étaient fort inexacts à les noter, tantôt les mettant où il n'en faut point, tantôt les omettant où elles sont indispensables. Il ne faut donc

pas s'en rapporter au témoignage des yeux : c'est à l'o-
reille à guider la langue.

Outre les euphoniques finales, il y avait des euphoniques
médiantes, pour empêcher l'hiatus dans le corps même de
certains mots ; par exemple, les participes passés féminins
ajustées, croisées, gastées, étaient prononcés avec un *d* intercalaire *ajustedes, croisedes, gastedes.* Cette extrême délicatesse d'oreille de nos pères est un fait dont il n'est pas possible de douter :

> Dessuz son pis entre les dous furceles
> *Cruisiedes* ad ses mains blanches e beles.
> (III, 825.)
> Carles li magnes ad Espaigne *guastede.*
> (II, 43.)
> Li amiralz dix escheles ad *justedes.*
> (IV, 854.)

Par conséquent, dans des passages écrits comme ces deux
vers :

> El cors vus est *entree* mortel rage.
> (II, 87.)
> L'arere guarde est *jugee* sur lui.
> (II, 118.)

je n'hésiterais pas à prononcer *entrede, jugede.*

Le subjonctif de *cheoir* (cadere) est *que je chée.* Ainsi
est-il écrit dans ce passage où Roland s'écrie : Ne plaise à
Dieu que pour moi mes parents soient blâmés,

> Ne France dulce ja *cheet* en vilté!
> (II, 419.)

Cheet en deux syllabes afflige l'oreille. Il faut ici restituer le
d étymologique de *cadere* et lire :

> Ne France douce ja *chedet* en vilté!

Et si le raisonnement nous avait laissé des scrupules, ils devraient se dissiper par les exemples que fournit le texte
même :

> Men escientre ne l' me reproverunt
> Que il me *chedet* cum fist a Ganelon.
>
> (II, 109.)
>
> *Chiedent* i fuldre e menut e suvent.
>
> (II, 780.)

Ouir, formé d'*audire*, se conjugue, *j'ois, tu ois, il oit,
nous ouons, vous oez, ils oent*.

Quand vous rencontrerez ces formes ainsi figurées, ne
craignez pas de faire reparaître le *d* étymologique réclamé
par l'euphonie : *Nous odom, vous odez, ils odent;* d'autres passages vous y autorisent :

> De cels de France *odum* les graisles clers.
>
> (III, 726.)

Que si vous ne restituez ce *d*, l'oreille exige une autre
satisfaction, d'où résulte cette seconde forme *nous oyons,
vous oyez, ils oyent*. Et cette observation nous conduit à la
règle de l'*i* intercalaire; mais avant de l'exposer, voici encore
quelques exemples du *d* facultatif dans l'orthographe :

VEEIR et VEDEIR :

> Ne loinz ne pres ne poet *vedeir* si cler.
>
> (III, 554.)
>
> Si vunt *veeir* le merveillus domaige.
>
> (IV, 457.)

De même *sedeir* et *seir, cadeir* et *caeir*.

Q̨uier et quider :

> Par quele gent *quiet* il espleiter tant?
>   (I, 3o5.)
> *Quias* le guant me caïst de la main.
>   (II, 1o4.)
> Si ad grand doel, sempres *quiad* murir.
>   (V, 242.)

De même *quier* pour *guider :*

> Qui *guierat* mes oz a tel poeste?
>   (IV, 53o.)
> Si's *guierat* dam Richart, li Normant.
>   (IV, 626.)

(Il est superflu de donner des exemples de la forme régulière.)

Caables et cadables :

> Od ses *cadables* les turs en abatied.
>   (I, 98.)
> Od vos *caables* avez fruisset ses murs.
>   (I, 237.)

Par conséquent, lorsque vous rencontrez un hémistiche qui semble choquer l'oreille et blesser les lois de l'harmonie, comme :

> Isnelement ot vestue sa bronie,

n'hésitez pas à prononcer *ot vestude sa bronie*, d'autant qu'on lit au chant IV, vers 817 :

> Onc il n'en fut ne *vestut* ne saisi.

Et bien qu'on ne rencontre nulle part dans le manuscrit cette orthographe *espede*, je n'en suis pas moins convaincu que c'est la prononciation d'*espée* dans les vers suivants :

S'espee rent e sun helme e sa bronie.
(IV, 176.)
Li quens Rollans tint *s'espee* sanglante.
(III, 182.)

Il est évident pour moi qu'on prononçait *s'espede* rent—
tint *s'espede* sanglante. Le latin *spatha*, qui a fait l'italien
spada et l'espagnol *espada*, a dû faire le français *espede*, dont
espée n'est que la contraction, amenée par l'habitude
d'omettre le *d* en écrivant.

Je prononcerais pareillement *nudes* dans ce vers :

Cez lor espees tutes *nues* i mustrent.
(V, 316.)

Je m'y crois autorisé par ce vers qu'on lit un peu plus bas :

Puis fierent il *nud ad nud* sur lur bronies.
(V, 320.)

Toutes les consonnes à peu près se rencontrent employées
comme euphoniques intercalaires, les unes plus fréquemment, les autres moins ; mais parmi les voyelles, une seule
se glisse au sein des mots sans droit étymologique, appelée
par le besoin de la prononciation : c'est la voyelle *i*.

Deux voyelles consécutives appartenant à deux syllabes
différentes, la prononciation introduisait un *i* intermédiaire
pour les lier en les mouillant.

C'est ainsi que le peuple persiste à prononcer, comme plus
flatteur à l'oreille : *agréiable*, monsieur *Léion*, un *fléiau*, etc.
Ce sont autant d'archaïsmes.

De *diabolus*, *deable ;* on prononçait avec diérèse *deiable*,
puis enfin *diable*. Ce serait une erreur de croire que l'*i*

du mot français est celui du mot latin : l'*i* bref du latin se changeait en *e* français, et réciproquement l'*e* en *i*.

Néant est dans le même cas : *neiant, niant,* d'où le peuple prononce un *fait-nient* (un *fa niente*), et les lettrés un *fait-néant ;* en quoi les lettrés se sont montrés, comme toujours, plus inconséquents que le peuple, car pourquoi faire triompher l'*i* dans *diable* et l'*e* dans *fainéant?*

Flagellum, flagel, flael, flayel.

Mea, tua, sua, mee, tue, sue, prononcez *meie, tuye, suye,* d'où, par suite, *mienne, tienne, sienne.*

Sagitta, saette ; prononcez *sayette.*

Veez, oez, effreé, prononcez *veyez, oyez, effrayé.*

De *ça* et *ens* rapprochés, *caiens,* céans, qu'on prononçait *céianp uis ciens ; —* la *ens, laiens, léans.*

Du substantif *gué* le verbe *guéer ;* prononcez *gayer :*

> Tantost apres l'on veut tirer
> De l'eau pour *gayer*[1] les chevaux.
> (Coquillart.)

> Par ceste barbe que *veez blancheer.*
> (*Roland.*)

Que *veyez blanchéier,* selon la prononciation normande; *blanchoier,* selon celle de l'Ile-de-France.

Gai (*graculus*): gaole, *gaiole,* geole. Un geolier, suivant le sens rigoureux de l'étymologie, serait celui qui garde des geais en geole, gayole, ou cage: par extension, qui garde des oiseaux; par métaphore, des prisonniers.

Feste, festéer; *festéier,* festoyer.

De *fatum* le bas latin *fatatus,* en français *faé.* On pronon-

---

[1] C'est-à-dire baigner comme en un gué.

çait *fayé*, et c'est ainsi qu'il subsiste encore dans les Vosges :
« Vous êtes donc bien *fayés* pour me tourmenter ! » c'est-à-
dire, on vous a donc jeté un sort qui vous oblige à me
tourmenter.

Le nom propre *Fayet* n'est que le participe *faé*, muni
du *t* euphonique et de l'*i* intercalaire.

Le caprice inconséquent de l'orthographe et du langage
modernes, tantôt a fixé cet *i* intercalaire, l'a rendu obligatoire sur le papier comme dans la prononciation, tantôt
l'a proscrit et marqué de ridicule. Exemples contradictoires :
diable et *fainiant*.

L'ancienne orthographe ordinairement ne le notait pas ;
mais on savait qu'il fallait l'introduire : c'était convenu.

Ainsi le manuscrit du *Roland* écrit indifféremment les
deux formes *paens*, *paennor*, et *paiens*, *paiennor;* un *paile
roé*, prononcez *un paille royé*, c'est-à-dire rayé : *pallium
radiatum.*

Joüs, au chant IV, vers 406, prononcez *Joyous.*

Maheu (I, 67), c'est *Mayeux*, le même que *Mathieu. Malvais
luer* (IV, 187), c'est *mauvais louyer*, mauvais loyer.

Et prononcez de même le verbe *luer*, prendre à loyer,
dans ce vers :

> Bien en pourra *luer* ses soldoiers.
>
> (I, 24.)

Louyer ses soudoyés.

Voilà encore un exemple de ces inconséquences du langage moderne dont je parlais tout à l'heure : *louer* une maison, la prendre à *loyer;* et pourtant le verbe et le substantif
dérivent l'un et l'autre du latin *locare.*

La consonne *g* est caractéristique du subjonctif, qui en

latin, dans les verbes de la quatrième conjugaison, est en
iam : *veniam*, *feriam*, *moriar*, d'où en français : que je *venge*,
que je *fierge*, que je *meurge*. Le *g* prend alors le son mouillé
de l'*i*, qu'il a en allemand dans *morgen*, et l'on prononçait : que je *vagne*, *fierie*, *meurie* (cet *i* ne faisant avec l'*e*
muet qu'une syllabe).

Sur ce modèle de la quatrième conjugaison latine, on
bâtissait par analogie tous les autres subjonctifs, encore que
leurs verbes n'appartinssent pas à cette quatrième conjugaison. *Aprendre, donner, paroler, aller, tenir, demeurer*, etc., faisaient : que j'aprenge, je donge, je parolge, j'alge, je tenge,
je demeurge, etc. Il faut bien se garder de les prononcer
d'après la convention de l'orthographe moderne; c'est : que
j'*apragne*, je *dogne*, je *paroille*, j'*aille*, je *tagne*, je *demeurie*[1].

Le groupe *ie* terminant un nom de nombre ou un substantif, comme *milie*, *martirie*, ne sonne pas en deux syllabes, mais en une seule, *yeu*, très-bref. Cette orthographe,
commune à la version des *Rois* et au *Roland*, serrait de très-
près l'orthographe latine : *millia*, *milie*, prononcez comme
l'italien *miglia; filia, filie*, prononcez *fille*. Et en effet n'est-il pas
ridiculement inconséquent, lorsque nous écrivons *mille* et
fille, de prononcer *mile* par une seule *l* et *fille* avec deux *ll*
mouillées? Nos pères ne connaissaient pas ces inconséquences : le latin dont ils ne faisaient que de sortir guidait
sûrement leur main et leur langue. Ils écrivaient *glorie, victorie, fluvie, martirie, memorie*, à cause de *gloria, victoria, fluvius, martyrium, memoria*, et prononçaient à peu près comme

---

[1] On remarquera que l'orthographe moderne est obligée d'employer plusieurs formes pour noter l'effet de prononciation obtenu dans l'orthographe
ancienne par l'emploi uniforme du *g*.

glorieu, victorieu, fluvieu, martirieu, memorieu, en ayant soin
d'éteindre et d'exténuer la dernière syllabe, mais on y sentait l'*i* étymologique.

C'est par suite d'une transposition dans l'écriture que
nous en sommes venus à prononcer *gloire, victoire, mémoire.*

Ainsi, quand vous rencontrez dans le *Roland* ces mots
munie, brunie, Bramidonie, Carcassonie, canonie, souvenez-
vous d'absorber l'*i*, bien loin de le faire ressortir : *mogne,
brogne, Bramidogne, Carcassogne, canogne.* — *ie* dans le
corps d'un mot ou final, mais suivi d'une consonne, *s, z, r, t*,
représente le son de l'*é* fermé. Ainsi *nies* (*neveu*, d'où le féminin *nièce*), doit sonner comme *nez* ou *né; piet* (de *pedem*)
est *pé* sans *i*, non plus qu'aujourd'hui dans *pédale* ni *pédestre;*
l'*i* ne servait qu'à aiguiser l'*e*. Les substantifs ou infinitifs en *ier*
ne sonnaient que comme *é* fermé : *rochier, vergier, couchier,
bouclier, sanglier*, ont toujours été : *rocher, verger, coacher, bou-
cler, sangler. Boucli-er, san-gli-er*, sont des monstres modernes.

I à la fin des mots, le suivant commençant par une
voyelle, devient consonne : c'est notre *j*. Dans le livre des
Rois : «Deus est ma force, il me eslieved e il est mun *refui
e* de tute iniquited me garrad» (p. 205), prononcez : il est
mon *refuge, et* de toute iniquité, etc. De même, *oi* ou *hoi*
se prononce *oje*, comme l'*oggi* des Italiens, dans le vers
suivant :

<blockquote>La tue amors me seit hoi en present.
(IV, 710.)</blockquote>

Mais *oi* reste diphthongue dans ce vers :

<blockquote>E, France douce, come hoi remaindras guaste!</blockquote>

Cette remarque est importante surtout pour les verbes,

en ce qu'elle restitue le pronom de la première personne
en beaucoup de places, où, sur la foi des yeux, on le croirait
supprimé. Par exemple :

> Sire parastre, moult vus *dei* aveir cher.
>> (II, 93.)
> Demi mun host vus *lerrai* en present.
>> (II, 125.)
> Deus ! se je l' pert ja n'en *aurai* escange !
>> (II, 180.)

Il faut restituer le pronom *je* à la suite du verbe dans
tous ces exemples et dans les suivants :

> Message *fui* al rei Marsiliun.
>> (V, 508.)

Fus-je.

> En Saraguce en *irai* à Marsilie,
> Eins i *ferai* un poi delegerie.
>> (I, 299.)

En irai-je, — y ferai-je.

> Ço est Loevis, mielz ne *sai* a parler.
>> (V, 450.)

Ne sais-je.

Ces formes *serveie*, *vuldreie*, *suleie*, etc., se doivent prononcer *servais-je*, *voudrai-je*, *soulais-je*.

> Pur mun neveu que *vuldreie* truver.
>> (IV, 162.)
> *Serveie* le par feid e par amur.
>> (V, 504.)
> Pur vasselage *suleie* estre tun drud.
>> (III, 621.)

Et cela est d'autant moins douteux que cette construction du pronom de la première personne se voit écrite en toutes lettres quand il n'y a pas lieu à élision :

> Mais d'une chose vos *soi-jo* bien guarant.
> (III, 84.)
> Ço dist li quens : Or *sai-jo* veirement.
> (III, 497.)
> Dist Olivier : Or vos *oi-jo* parler.
> (III, 575.)

Ainsi, en résumé, l'*i* peut remplir à la fois, dans l'occurrence, la fonction de voyelle sur une voyelle précédente, et de consonne sur la voyelle qui suit : *i* égale *ij*.

L'élision joue un rôle important dans notre vieille poésie, d'autant plus que les cinq voyelles (excepté l'*é* accentué) s'y pouvaient élider :

> *Ja* est ço Rollans qui vos soelt tant amer.
> (III, 573.)

L'*a* de *ja* s'élide, à moins qu'on ne veuille faire tomber l'élision sur l'*e* initial suivant et dire : *ja 'st ce* Roland. Et dans ce cas le verbe entier disparaîtrait sans laisser à l'oreille d'autre trace que le sifflement de l'*s*, comme il arrive dans *où 'st ce que*, forme populaire infiniment plus douce que la forme régulière *où est-ce que*. C'est ici le bien parlant qui semble un barbare.

La diphthongue *ei* s'élide dans *mei, tei, sei*, pour *me, te, se*, à la mode normande :

> Culchet *sei* a terre si 'n a Deu graciet.
> (IV, 83.)

Prenent *sei* a bras ambesdous por luitier.

(IV, 155.)

Lisez : couche *s' à* terre; prennent *s' à* bras.

Exemple de l'élision de l'*i* :

Issi est neirs cume peiz *ki* est demise.

(III, 37.)

Tiret sa barbe cume hume *ki* est irez.

(IV, 17.)

Li emperere ad prise sa herberge.

(IV, 91.)

De l'*o* :

Livrez le mei, jo en ferai la justise.

(I, 497.)

Li Angles Deu ço ad mustret al barun.

(IV, 171.)

Par mun saveir en vins-jo a guarisun [1].

(V, 509.)

Je dois pourtant mettre ici un correctif faute duquel je risquerais d'induire en erreur : l'hiatus, qui souvent est fort doux, n'était pas systématiquement exclu de l'ancienne versification, et l'élision dans nombre de cas était facultative. Par exemple, *li* tantôt s'élide, et tantôt non : *li empereres, li amirals* n'est pas plus choquant que *l'empereres, l'amirals.*

De même pour *o* :

Dist l'arcevesques : *Jo* irrai, par mun chef.
— E *jo* od vos.

(II, 139.)

---

[1] Le *Roland* n'offre pas d'exemple de l'élision de l'*u*. On en trouve ailleurs, et le peuple ne manque jamais de la faire à la seconde personne de l'indicatif présent d'*avoir* : *t'as* pour *tu as* :

N'est pas merveille se *t'as* soi!
(*L'a chace dou cerf.*)

11

Jo dans ce passage n'est pas simplement la marque de la première personne; il répond à *moi* dans ces locutions : « J'irai, *moi!* — et *moi*, j'irai avec vous! » Cette espèce de pléonasme et d'emphase est représentée par la non-élision du pronom personnel; et pareillement dans les vers où *jo* est opposé à *vos* :

> Bel sire nies, e *jo* e *vos* irrum.
> (II, 221.)
> *Jo* i ferrai de Durandal m'espee,
> E *vos*, cumpainz, ferrez de Halteclere.
> (III, 25.)

Quand la même voyelle se rencontre finissant un mot et commençant le suivant, très-souvent il y a fusion, et l'oreille ne compte qu'une syllabe où l'œil en voit deux :

> E l'arcevesques les *ad a*sols e seignez.
> (III, 781.)
> L'altre meitet durr*at a* Rollant sis nies.
> (I, 473.)
> E lui aid*ez e* pur seignur le tenez.
> (I, 364.)
> Le duc Og*er e* l'arcevesques Turpin.
> (I, 170.)
> E Oliv*er e* l'arcevesques Turpin.
> (IV, 566.)

On ne doit prononcer aux endroits soulignés qu'un seul *a* et un seul *é* (la consonne intermédiaire non avenue).

C'est encore là un des abus que, dans les remaniements du xiiiᵉ siècle, œuvres à grandes prétentions littéraires, on s'est appliqué à faire disparaître : la mesure y est exacte, et l'on ne rencontre plus de ces fusions de voyelles témoignage des habitudes populaires.

Le *Roland* présente de nombreux exemples d'une syncope qui étrangle l'*e* muet entre deux consonnes, soit à la fin, soit au milieu d'un mot, et même l'*a* de l'article féminin :

> Carles respunt : Tort fait qui me *l'* demande.
> Sa grant valor qui *l'* pourreit acunter?
> Ne *m'fe*sis mal ne jo ne *l'* te forsfis.

Mais le copiste n'est pas toujours exact à figurer cette syncope : il lui arrive très-souvent de laisser subsister sur son parchemin l'*e* muet que la prononciation doit supprimer, par exemple :

> S'altre *le* desist, jà semblast grant mençunge.
> Cuntre *le* soleil reluisent cil adub.
> Si *se* vunt ferir, grans colps s'entredunerent.

Les mots *guerdon, livre, levre* (lièvre), *avril, guivre, recouvrance, vespre*, etc. etc., sont écrits avec un *e* de trop pour la mesure, guerredon, livere, averil, guivere, recuverance, vespere. Cela produit autant de vers faux, du moins pour l'œil :

> Ben le cunois que guerredun vus en dei.
> (IV, 146.)
> Plus en vaut l'or que ne funt cinc cenz liveres.
> (1, 517.)
> Pur un sul levere vat tute jur cornant.
> (III, 342.)
> Que mort l'abat senz nule recuverance.
> (V, 354.)
> Blance a la barbe cume flur en averill.
> (IV, 238.)
> Serpens e guiveres, dragun e averser.
> (IV, 146.)

Dans ces mots et dans une foule d'autres pareils, le copiste conserve l'*e* du mot latin; il tient compte de l'étymologie et la représente aux yeux[1], tandis que le poëte n'a tenu compte que de la prononciation. Cet *e*, que l'orthographe moderne a décidément éliminé, l'était déjà de fait à l'époque où sa place lui était encore maintenue dans l'écriture[2].

Ces procédés naïfs d'étranglement de l'*e* muet et de fusion des sons identiques, sont une nouvelle preuve que Theroulde destinait ses vers non pas à être lus, mais à être chantés. L'oreille a des indulgences ou même des besoins que n'ont pas les yeux, et ces indulgences et ces besoins sont des lois naturelles qui n'ont point varié du x° siècle au xix°.

Supposez qu'un maître d'école dévoué aux lois de l'orthographe académique eût à mettre sur le papier certains couplets de M. Scribe, vous liriez ces étranges lignes rimées :

> Et je me souviens que souvent à l'ambulance
> Pour nous panser quand arrivait le flacon,
> En dedans, morbleu! je prenais l'ordonnance,
> Et la victoire achevait la guérison.

ou bien celles-ci :

> Mais je serai pour vous une société fidèle,
> Nous causerons; je ne suis pas forte, hélas!
> Mais nous allons parler de mademoiselle,
> Cela me tiendra lieu de l'esprit que je n'ai pas.

[1] *Weredunum, leporem, aperire, vipera, recuperare, vespera,* etc.

[2] Un fait absolument analogue s'est passé par rapport aux consonnes : le xvi° siècle écrivait : *nopces, nepveu, mesme, tempeste,* en mémoire de *nuptiæ, nepos, medesimo, tempestas,* et ne sonnait dans ces mots ni le *p,* ni l's. On a toujours prononcé le *temps* (tempus) comme le *tan* des tanneurs.

Quel embarras pour les scholiastes à venir! Mais assistez
à une représentation du *Mariage de raison* ou du *Confident;*
vous entendrez chanter ces vers irréprochables de mesure :

« Et je m' souviens qu' souvent à l'ambulance
« Pour nous panser quand arrivait l' flacon,
« En d'dans, morbleu! je prenais l'ordonnance,
« Et la victoire ach'vait la guérison! »

« Mais j' s'rai pour vous un' société fidèle,
« Nous causerons; je n' suis pas forte, hélas!
« Mais nous allons parler de mad'moiselle,
« Ça m' tiendra lieu de l'esprit que j' n'ai pas. »

Les vers de Theroulde sont écrits comme la première
leçon, et doivent se réciter comme la seconde.

Cette faculté d'étouffer une voyelle muette, et de la négliger dans la mesure, n'est point spéciale à la langue française : elle a été commune à toutes les langues, et pratiquée
dans toutes les poésies destinées d'abord à l'oreille. Ce fut
partout, on peut l'affirmer, un caractère natif de la poésie
lyrique et de la poésie dramatique, à quoi il faut ajouter la
poésie épique, au moins celle des peuples modernes, qui a
commencé par être chantée dans les rues et sur les grands
chemins. Celle d'Homère nous ayant été transmise par l'intermédiaire de la civilisation alexandrine, nous ne pouvons
plus juger de son état primitif. On ne sait en quoi consiste
la versification des Psaumes; on désespère de la métrique de
Pindare; on dispute sur celle de telle scène de Plaute ou
d'Aristophane; la solution de la difficulté est peut-être bien
simple : ne serait-ce pas que David, Pindare, Aristophane
et Plaute auraient pris dans leurs vers les mêmes libertés que

M. Scribe, et que leurs manuscrits auraient été tracés par des puristes scrupuleux à ressusciter pour l'œil toutes ces syllabes étouffées dans le gosier et dans l'oreille?

Mais où trouver aujourd'hui la règle pour rétablir cette musique évanouie?

Heureusement en ce qui touche le français, nous avons la prononciation populaire, qui maintient le génie de la langue et proteste contre la loi des grammairiens proclamant l'égalité absolue des syllabes devant le versificateur académique. C'est cette prononciation qui doit servir de guide au lecteur, et qui fera évanouir les irrégularités apparentes de la versification de Theroulde.

Il me reste à indiquer une façon particulière de prononcer la troisième personne du pluriel de l'imparfait.

Dans notre langage moderne nous ne distinguons que par l'orthographe *ils disaient*, au pluriel, de *il disait*, au singulier; *ils feraient* et *il ferait* présentent un égal nombre de syllabes. Mais primitivement il n'en était pas ainsi : le pluriel pouvait compter une syllabe de plus, et la finale *ent*, aujourd'hui muette, sonner comme à la fin des adverbes en *ment*.

Aussi la plupart des vers où se rencontrent de ces imparfaits paraissent-ils avoir une syllabe de moins que la mesure; selon notre système moderne :

Diseient li : Sire, rendez le nus.
(IV, 163.)
S'is unt laisez; que fereient il el?
(IV, 564.)
Qu'il querreient que Rollans fust ocis.
(I, 404.)

Il faut prononcer en trois syllabes *disiant li* — *que feriant il* — *qu'il querriant.*

Cette observation nous fournit la clef d'une forme rustique qui, longtemps persistante parmi le peuple, commence aujourd'hui à s'y effacer. C'est cette forme : *ils disiont,* — *ils vouliont,* — *ils faisiont,* dont bientôt peut-être il n'y aura plus de témoignage que les rôles de paysans, dans les comédies du vieux répertoire.

Cela vient de la promiscuité jadis établie par l'usage entre ces deux articulations nasales : *en* et *on.* Tous les écrivains du xvᵉ siècle, ou même des commencements du xvıᵉ, les confondent : *l'en dit, l'en croit,* pour *l'on dit, l'on croit;* de là *ils tenont, boutont, pendont,* pour *ils tiennent, boutent, pendent.* Le seul rôle de Pierrot, de *Don Juan,* en fournira quantité d'exemples aux curieux de cette recherche.

Mais il est très-essentiel de remarquer que cette prononciation n'était pas constante ni obligée, et qu'il y avait à côté la prononciation muette en usage aujourd'hui. Le poëte avait la faculté d'employer l'une ou l'autre, suivant le besoin de sa versification. Prenons pour exemple ces deux vers :

> *Diseient* li : Sire, rendez le nus.
>
> (IV, 164.)
>
> Quant Franceis *veient* que païens i ad tanz.
>
> (III, 73.)

Dans le premier il faut prononcer *disiant li*, et dans le second, *veyent,* avec la finale muette, comme nous disons *ils voyent.*

Dans l'ancienne langue, presque toutes les finales étaient susceptibles de deux prononciations diverses, selon l'occurrence. Cette proposition choque nos habitudes modernes; elle n'en est pas moins une de celles que l'examen démontre le plus incontestables, comme le vérifieront aisément ceux qui se donneront la peine d'y regarder sans parti pris d'avance.

———————

Ce qui m'a conduit à adopter pour ma traduction une langue chargée d'archaïsme, ce n'est point un caprice puéril ni une fantaisie d'artiste : c'est la nécessité. Je n'ai pas trouvé possible de traduire fidèlement une composition du xiᵉ siècle dans la langue académique du xixᵉ.

Puis m'étant fait ce plan qui sera, j'espère, approuvé, de traduire aussi peu que possible, tout en fuyant la contrainte et l'obscurité, beaucoup de tours et de mots de l'original devenaient transportables dans la version, lesquels, s'ils fussent tombés au milieu de la langue moderne, y produisaient des disparates choquantes. Ces motifs qu'il suffit d'indiquer m'ont déterminé à employer la langue si riche, flexible et colorée du xviᵉ siècle. Je me suis interdit de chercher mes modèles au delà de l'époque d'Amyot, et, dans mon désir de rester clair, je suis bien loin d'avoir usé de toutes les ressources que cette date et ce nom auraient pu autoriser.

L'emploi d'une prose cadencée et rhythmée, du *vers blanc*, n'est pas nouveau dans notre langue : Molière en a usé dans quelques-unes de ses comédies, de dessein évidemment prémédité[1]; Marmontel en a abusé dans les

———————

[1] *L'Avare, le Sicilien.* Voy. l'art. **Vers blancs** du *Lexique de Molière.*

Incas. Je ne veux pas examiner ici théoriquement s'il n'y aurait pas quelque parti à tirer de ce genre intermédiaire; mais je ferai observer qu'on l'appliquait aux traductions dès l'origine de notre littérature, je pourrais dire de notre langue, puisque le plus ancien monument que nous en connaissions, la version des *Rois,* est écrite dans ce système. Le fait est si frappant, qu'il est impossible de le méconnaître [1]. La prose, telle qu'on la parle dans les relations les plus communes de la vie, la vile prose ne paraissait point alors un assez digne instrument littéraire; d'une autre part la difficulté d'un mètre constant et d'une rime obligée faisait obstacle à la fidélité et à l'exactitude du traducteur: on avait donc trouvé ce moyen terme. Le traducteur cherchait d'abord la cadence, ensuite l'assonance ou la rime, ornement accessoire, qu'il suffisait de montrer de loin en loin; et lorsque tout lui manquait, il fléchissait à la contrainte du texte, sans violer aucune loi, puisqu'il ne s'en était imposé aucune, sans encourir aucun reproche, puisqu'il n'avait pris aucun engagement. Il donnait ce qu'il pouvait.

La version des *Rois* offre des rimes très-fréquentes, aussi Barbazan l'a-t-il crue un ouvrage versifié; à l'appui de son opinion, il transcrit le cantique de Ste. Anne (*préface des*

---

[1] Il me semble même apercevoir cette intention de rhythme dans le fragment mutilé de l'homélie sur Jonas :

> Dunc, ço dissit, si rogavit Deus
> Ad un verme que percussist
> Cel edre sost que cil sedebat.
> E cilg Eedre fu seché
> Si vint grand chaut super caput Jonæ.

> . . . .
> Que cum gentes venirent ad fidem,
> Si astreient li Judæi
> Perdut si comme il ore sunt.

fabliaux). On pourrait citer de même une foule d'autres passages, soit pour, soit contre ; mais toutes ces preuves seraient
décevantes, et l'éditeur de ce texte ne paraît pas avoir rencontré plus juste quand il soutient que l'ouvrage est en
prose : la version des *Rois* est généralement en vers blancs
inégaux parsemés de rimes.

L'absence de traités dogmatiques sur l'art d'écrire dans
cet âge reculé nous prive de renseignements positifs sur des
règles qui peut-être n'ont jamais été formulées ni transmises
que par tradition orale. Mais, en dehors même de faits toujours discutables, il est possible de constater entre la prose et
la poésie l'existence d'un troisième genre participant de l'une
et de l'autre, sans être ni l'une ni l'autre : régulier comme
les vers, libre comme la prose.

Cette preuve, nous serons obligés de l'aller chercher au
delà de la Manche ; mais le français ayant été la langue officielle de l'Angleterre pendant plus de quatre cents ans, la
solidité de l'argument n'en recevra point d'atteinte [1].

Dans les premières années qui suivirent la conquête , un
certain Orm ou Ormin fit en anglais une paraphrase des histoires de l'Écriture sainte, qu'il intitula de son nom *Ormulum*.
Deux savants qui ont imprimé des extraits considérables de

---

[1] L'établissement officiel du français en Angleterre date de la conquête, en
1066 ; mais on peut hardiment ajouter les vingt-quatre ans du règne d'Édouard
le Confesseur, et reculer cette date jusqu'en 1041.

L'anglais ne parvint à se rétablir d'une façon définitive qu'à l'avénement
de Richard III, en 1483.

Si l'on compense les deux périodes l'une par l'autre, on trouvera que l'anglais, comme langue nationale, n'a pas aujourd'hui sur le français un avantage de possession de plus de 360 ans. (Voyez TYRWHITT, *Essay on language
and versification of Chaucer : first part.*)

cet *Ormulum*, le croyaient écrit en prose; mais Tyrwhitt a fait voir que c'était une espèce de vers blanc de quinze syllabes, très-exactement mesurées, à l'imitation de l'ïambique tétramètre des Latins. Il est bien surprenant, dit Tyrwhitt, que ni Hickes, ni Wanley, n'aient reconnu la mesure dans le style d'Ormin, quand l'auteur lui-même déclare avoir été forcé d'ajouter çà et là quelque mot pour parfaire son vers.

Avec l'*Ormulum*, Tyrwhitt cite une autre pièce, une espèce de poëme sur le bon vieux temps (on parlait déjà du bon vieux temps au xiie siècle), rédigé dans un mètre pareil au premier, sauf que les vers sont coupés en deux, le premier de huit syllabes, le second de sept.

Deux passages de Chaucer, assez obscurs l'un et l'autre, ne peuvent s'expliquer que par la supposition de ce style intermédiaire. Chaucer parlant de lui-même, dit qu'il compose des ouvrages, chansons *dités*, etc.....

> En *ryme* ou plutôt en *cadence*.
> — Bokes, songes, ditees,
> En *ryme*, or elles in *cadence*[1].
>   (*House of fame.*)

. Sur quoi le docte commentateur fait cette note : « *Cadence* « ici doit désigner une sorte de style poétique différent du « vers rimé. Ce nom conviendrait assez bien au mètre em- « ployé dans l'*Ormulum*, mais je ne connais aucun morceau « de Chaucer écrit dans ce style. »

Peu importe pour notre objet, qui ne va qu'à constater l'existence du genre.

---

[1] *Ryme* n'est pas là dans le sens moderne, *la rime*, mais au sens du grec ῥυθμός, ordre, mesure, arrangement, *cadence*, comme il dit en corrigeant sa propre expression.

Voici l'autre passage :

Le curé des *Contes de Cantorbéry* déclare, dans son pro-
logue, qu'il ne saurait rimer plus longtemps, étant complétement dépourvu du talent de trouver des allitérations, de
faire *rom, ram, ruf.* Qu'à cela ne tienne, répond l'hôte ; ne
vous gênez pas : laissez de côté la rime, « et voyons si vous
« saurez nous dire quelque chose *en geste* ou *en prose.* »

> Let see wher thou canst tellen ought in *geste*
> Or tellen in *prose* some what at the leste.
>
> *(Prol. of the persones tale.)*

Je laisse toujours parler Tyrwhitt : « *Geste* semble ici mis
« pour un genre de composition qui n'était ni rime ni prose.
« Quel était ce genre ? Je ne puis le deviner [1]. »

C'était, sauf meilleure explication, le genre intermédiaire
dont je parle, et dont je trouve le modèle dans la version
des *Rois.*

Je me crois donc suffisamment justifié d'avoir employé à
la traduction du *Roland* une forme de style inventée avant
le XIIe siècle, et que le moyen âge semble avoir consacrée
plus particulièrement pour traduire.

J'essaye aujourd'hui une double restauration : l'une du
fond, l'autre de la forme; la première au profit de Theroulde, la seconde à mes risque et péril. Et j'estimerai ma
peine trop payée si la critique me permet d'inscrire à la fin

---

[1] Tyrwhitt ajoute : A moins que ce ne soit le mètre allitératif : « And what
« that could be, except alliterative, metre I cannot guess. » Il oublie ce que le
curé vient de dire tout à l'heure de l'allitération :

> I cannot geste rom, ram, ruf, by my letter.

Geste se réduit donc à une prose mesurée et cadencée, sans rime.

de mon travail ce vers par lequel un copiste du moyen âge
terminait le sien :

Finito libro laus detur magna Rolando.

* * *

NOTE

RELATIVE AU CHAPITRE II.

En relisant la *Chronique de Turpin*, je remarque un passage qui peut s'ajouter aux inductions par où j'ai tâché d'é-
tablir que l'auteur de cette pièce était Guy de Bourgogne,
alors archevêque de Vienne en Dauphiné, bientôt pape
sous le nom de Calixte II.

Je me sers de la traduction qui fait partie des *Chroniques
de S. Denis.* L'expédition d'Espagne vient d'être terminée :

« Après ces choses faites nous en alasmes tuit ensemble à
« la cité de Vianne, et je Turpins demourai en la cité, moult
« traveilliez et moult afebloiez des grans travaus et des colps
« et des plaies que je avoie souffert en Espaigne. » (D. Bouquet, V, 309 b.)

Il paraît que le rétablissement fut long; car, venu à
Vienne après Roncevaux, l'archevêque Turpin n'en était
pas encore reparti à la mort de Charlemagne.

« Avant qu'il (Charlemagne) se departist de moi en la cité
« de Vianne où je demouroie, me promist que se il moroit
« avant de moi il le me feroit savoir par certain message; et
« je li promis aussi que se je moroie avant de li, je le li feroie

« asavoir. Un iour avint *en la cité de Vianne où je demoroie*,
« que je avoie chanté messe de *requiem* pour les feaux
« Dieu, etc. » L'auteur raconte comment il fut averti par
une vision de la mort de l'empereur. Au milieu du psaume
Domine in adjutorium meum intende, il voit passer une lé-
gion de diables noirs. Il interroge le dernier de la troupe :
Où allez-vous comme cela? — Chercher l'âme de Charlemagne qui se meurt. Peu d'instants après, la sinistre bande
repasse les mains vides. — Eh bien, qu'avez-vous fait? —
Rien du tout! Nous allions saisir notre proie; mais un Gali-
cien sans tête (S. Jacques de Compostelle) est venu, qui
a jeté dans la balance tant de bois, de pierre, de mortier,
tant de fondations de couvents et d'églises, que le plateau
du bien a emporté celui du mal, et les anges nous ont en-
levé l'âme de Charlemagne. (*Chap. xxxi et dernier du texte
latin.*)

La date de cette historiette, dont l'affabulation se dégage
toute seule, est nécessairement le 28 janvier 814; en sorte
que les deux faits qui dans le récit se tiennent sans interruption nulle, sont séparés dans l'histoire par un intervalle de trente-six ans (de 778 à 814).

Je ne demande pas comment l'auteur ose mettre un récit de la mort de Charlemagne dans la bouche de Turpin,
qui était mort quatorze ans avant Charlemagne. Il a compté
sur l'ignorance et la crédulité du peuple : c'est bien. Mais
je demande comment, dans une époque où les mœurs et
les lois ecclésiastiques étaient connues de tout le monde,
il suppose qu'un archevêque de Reims fixe son séjour à
Vienne et s'absente de son siége durant au moins trente-
six ans. L'anecdote de l'extase pouvait tout aussi bien être

arrivée à Reims. Pourquoi faire intervenir ici le nom de Vienne? C'est pure maladresse, si ce n'est un dessein particulier.

A ces diverses questions une seule réponse peut satisfaire. Le rédacteur, sans doute las d'accumuler tant de fables, a eu la fantaisie d'y mêler un grain de vérité; il a voulu cacher dans ses dernières lignes une indication révélatrice du véritable auteur de cette chronique. C'est comme s'il eût dit : J'ai emprunté le nom et l'autorité de l'archevêque de Reims; je me suis identifié à Turpin tant qu'a duré l'expédition d'Espagne; aujourd'hui qu'elle est finie, je redeviens moi-même; je rentre dans la ville où j'occupe la dignité que Turpin occupait à Reims; c'est à Vienne que je prends congé de mon livre, de mon rôle et de Charlemagne. Turpin ne sortira plus de Vienne du reste de ses jours. Me demandez-vous ce qui m'arrête si loin de ma résidence épiscopale? Hélas! ce sont les coups et les blessures que j'ai attrapés en Espagne!

Cette dernière phrase extraite mot à mot de la *Chronique de Turpin* ne semble-t-elle pas avoir été tracée avec la plume de l'auteur de *Don Quichotte?* En l'écrivant, Guy de Bourgogne dut sourire. Il suivit la mode des romanciers de son temps, qui à la fin de leur ouvrage léguaient à la postérité leur nom enveloppé dans une énigme. L'archevêque de Vienne a voulu se faire deviner derrière l'archevêque de Reims, comme Cervantes s'est laissé apercevoir derrière Cid Hamet-ben-Engeli.

FRAGMENT

DE VALENCIENNES. [1]

Ce fragment contient une homélie sur la prophétie de Jonas : le recto, dont il ne reste que quelques mots, commence vers la fin du premier chapitre de cette prophétie, et va jusqu'au milieu du troisième ; le verso comprend la dernière partie du troisième et tout le quatrième. Le haut et le côté du feuillet ayant été coupés, il y a une lacune entre le recto et le verso et à l'extrémité de chaque ligne.

Cette paraphrase a été écrite sur un parchemin raclé, dont les anciens caractères subsistent encore dans plusieurs endroits, notamment lig. 5 et 7 du recto, lig. 9, 17, 18 du verso.

On a employé les notes tironiennes pour écrire le texte de la prophétie, un certain nombre de mots latins de la paraphrase, et, ce qui est très-remarquable, des parties de mots et même quelques mots entiers appartenants à la langue vulgaire :

Ligne 12 (du *fac-simile*). *Repausement.* — Le commencement et la fin de ce mot sont écrits en notes tironiennes.

Ligne 17. *Negantes.* — La dernière syllabe est figurée par la terminaison tironienne qui est aussi employée pour le mot *faites,* lig. 30.

Ligne 18. *Astreient.* — Terminaison tironienne *ent.* On trouve encore cette terminaison dans les mots *fisient,* lig. 24 et 27, et *feent,* lig. 27.

Ligne 27. *Almosnes.* — Terminaison tironienne *nes.*

J'ai exposé, dans mon Introduction, l'histoire d'ailleurs fort simple de la découverte de ce fragment, et les considérations qui en déterminent la date au ixᵉ siècle, ou vers le xᵉ au plus tard. J'ai dit aussi que j'étais redevable de la traduction des notes tironiennes à M. Jules Tardif, dont les travaux sur ce grand arcane de l'archéologie viennent de recevoir à l'Institut une récompense si honorable pour ce jeune savant.

[1] Annoncé p. 54 de l'Introduction.

12

Ce texte est tracé sur un parchemin non rayé; l'écriture est rapide et peu soignée; on y remarque, outre les nombreuses abréviations, des ratures, des surcharges, des soulignements, des renvois. Tout indique que c'est un brouillon de la propre main du prédicateur. Le moine obscur qui préparait ainsi son homélie dans le secret de sa cellule, n'imaginait guère que la fortune, impitoyable pour les chefs-d'œuvre de l'antiquité, s'amuserait à faire voler ce grossier lambeau de parchemin du xı^e siècle au xıx^e, et lui donnerait par l'imprimerie l'immortalité refusée aux comédies de Ménandre et aux décades de Tite-Live !

Le caractère frappant, essentiel, de ce morceau, c'est un langage doublement hybride, dans les éléments de sa phrase et dans sa syntaxe. Nous ne serons donc pas surpris de rencontrer dans les textes latins de cet âge des mots hybrides aussi: l'hybrisme paraît avoir été le moyen préparatoire de la formation du français. Ce fait une fois bien acquis à la science, il serait on ne peut plus intéressant de le vérifier par rapport aux autres langues; de constater si, comme le procédé de l'esprit humain est invariable par tout temps et par tout pays, cet hybrisme ne se retrouverait pas jouant le même rôle à la naissance de tous les idiomes, puisqu'enfin nous ne connaissons point de langue sans mère, *prolem sine matre creatam*. Pour moi, je suis porté à le croire; mais c'est aux savants à confirmer cette hypothèse ou en démontrer l'erreur. L'étude des faits particuliers n'a d'importance réelle que par l'espoir qu'un jour, ces faits réunis en faisceau, l'esprit philosophique en pourra tirer la formule d'une loi générale éclairant les phénomènes de l'ordre physique ou de l'ordre intellectuel. Le problème dont la solution doit occuper sans cesse l'humanité entière comme l'individu, c'est celui qui était inscrit en deux mots sur la porte du temple de Delphes : Γνῶθι Σεαυτόν.

N. B. Les italiques représentent toute la partie du texte figurée en notes tironiennes.

Les chiffres placés en tête de chaque ligne servent de moyen de repère pour les notes; les chiffres plus petits disséminés dans le texte renvoient aux lignes correspondantes du *fac-simile*. Il n'y a point de chiffres de cette seconde espèce dans la traduction du recto : le délabrement de cette page ne permettait pas de les y employer.

FRAGMENT DE VALENCIENNES.

Feuille de garde du manuscrit T.4-17, intitulé **Paradysus** (X.me Siècle)

M. S. de Valenciennes

RECTO.

1. .... *dixit* .... *me rogavit* aler *in* Niniven.................
2. .... *est* venu de cist *tres dies super*............. *me et*..
3. .... eisi ...... *dixit* ore *nos* ...... aire...................
4. ... end... *me sit* .... *ut me* .... *vivamus* .... *licerent* revenir al
5. ..... niul moud *quia mare* ibat *et* .... *bat super eos*....*d*...*e si* distre[nt]
6. ...... *des super nos* .... *innocentem* ......cist n .... *ir*............
7. ...... que par l... or sav[ien]t .... il .... quant....
8. .... quant......... oire e por................ *mare ne*..
9. .... maisso...................................
....
10. .....:t lat lo......................... *Et*.............. de
11. .. cel pescion.................... ne fait.... *et* ..... fu...... *et*
12. .... eus noieds *co dixit* f.........
13. .... *et exaud*.........................
14. .... de ciosm...... el gent... cum...................
15. ..... er.... eg car........ *reu*......... quant..............
16. ..... uers...... ei la mare e si .... *chi. d*..
17. ..... *Jonas propheta de*.... *et*... *Et precepit Dominus*... *Jonam super*..
18. .. cel [pesc]ion....... *Deus*........................
19. *totam* Ninivem *civitatem*....... *eis sub peccatorum*.......... *Et* serr..
20. *clamavit et dixit adhuc*..............................
21. *Postea*......................... *Deum ne*...
22. .... *Et*..................... *usque ad minores*.... *postea*
23. *peccator*..... que cil *ros*....... *si* eri................
24. vestirent   haires *a majore usque*...................
25. .... sacco *et sedit in cinere*..................
26. ... *de*........... nt a............ es perils............
27. eu... reid e *si* tult *si* est...........................
28. ..seit niuls *dixit* chi es................. e *si . ni*..........
29. ..ude en cist *tres dies dixit*................ quant.......
30. vit .. ad... *Dominum*......... *magna*......... *ril*...... fisi[ent] in
31. .... *nerd*................ deu...... e sancel e *si*......
32. or . ent e *si* fu ço.................... *fructus vos deb*....
33. *Postea per* mersionem Jone *prophete, si debetis intelligere*..*adversus Dominum*.
34. .... *cum* mersionem Jone cilg........... ....
35. .... *magn*.. *Dominum*.....................

VERSO.

1. ..... ¹ *Habuit misericordiam, si cum* il *semper* solt haveir de *peccatori-*
2. *bus;* e *sic liberat* de cere....... e de cel peril, [quant il habebat decre-
3. tum] ² que *super* eis metreiet.
4. « *Et* afflictus est *Jonas* afflictione *magna, et iratus est : et oravit ad Do-*
5. « *minum, et dixit :*   [Domine, tolle, quæso, animam meam a me :]
6. « ³ *quia melior est mihi* mors *quam vita.*» Dunc, ço *dixit, si* fut *Jonus pro-*
7. *pheta* mult correcious e mult ireist, [quia Deus de Ninivitis] ⁴ *misericor-*
8. *diam habuit,* e lor *peccatum* lor *dimisit;* savoiet ço que li celor *sub* ço
9. astreiet *eis* ruina *Judæorum,* e ne doceiet....... ⁵ lor salut, *cum* il *facie-*
10. *bat de perditione Judæorum, ne si cum* legimus e le *evangelio* que *Dominus*
11. *noster flevit super Hierusalem, et noluit tollere*..... ⁶ ibus : *Paulus apo-*
12. *stolus etiam optabat* esse anathema esse *pro fratribus suis qui sunt Israelitæ.*
13. « *Et* egressus *est Jonas de civitate, et sedit* [contra orientem civitatis],
14. « donec ⁷ *videret quid* acciderct *civitati.*» Dunc, ço *dixit, cum Jonas pro-*
15. *pheta* cel populum *habuit* pretiet et convers *et* en cele..... ⁸ *si* escit
16. foers de la civitate e *si* sist *contra* orientem *civitatis* e *si* avardevet *cum*
17. *Deus* per ser..... ⁹ astreiet u *ne* fereiet.
18. « *Et preparavit Dominus* ederam *super caput Jone, ut faceret ei umbram,*
19. « *laboraverat* [enim] ..... » ¹⁰ *Jonas propheta habebat* mult laboret e mult
20. penet a cel *populum, ço dixit;* e *faciebat* grant iholt, *et* eret mult las.....
21. ¹¹ un edre sore sen cheue quant umbre li fesist, e *repauser* se podist.
22. « *Et lætatus est Jonas super* ederam.......»..... ¹² Mult *lætatus,* ço
23. *dixit,* por que *Deus* cel edre li *donat* a sun soueir *et* a sun *repausement* li
24. donat.
25. « *Et precepit Dominus* [vermi....qui percussit ederam]; ¹³ *et exaruit.*
26. « Et *paravit Deus ventum calidum super caput Jone; et dixit : Melius est mihi*
27. « *mori quam vivere*..... ¹⁴ »
28.   Dunc, ço *dixit, si* rogavit *Deus* ad un verme que percussist cel edre sost
29. que cil *sedebat;* e c...... ¹⁵ cilg eedre fu seche, *si* vint grances iholt
30. *super caput Jone, et dixit : Melius est mihi mori quam vivere.*
31. « *Et dixit Dominus* [ad Jonam : Putasne bene] ¹⁶ *irasceris tu super* edera?
32. « *Et dixit : Bene* irascor ego *usque ad mortem.*» *Postea* per cel edre dunt cil
33. tel..... ¹⁷ *si debetis intelligere per Judæos,* chi sicci *et* aridi *permanent* ne-
34. gantes *filium Dei*..... e por els..... ¹⁸ es doleants, car ço *videbant* per
35. *spiritum prophete que cum gentes venirent ad fidem*...... si astreient li
36. *Judei* perdut, *si cum* il ore sunt.
37.   « *Et* [dixit Dominus : Tu] ¹⁹ *doles super* ederam *in qua* non *laborasti,*

SUITE DU VERSO.

38. « *neque fecisti ut cresceret, et ego non parcam* Ninive *civitati magne in qua*

39. « *sunt plus quam* [centum viginti millia hominum qui nesciunt quid] [20] *sit*

40. « *inter dexteram et sinistram.* »

41.   Dunc *si dixit Deus ad Jonam prophetam :* Tu douls mult ad...... *si*

42. por...... *dixit,* [21] *in qua non laborasti neque fecisti ut cresceret, dixit;*

43. e io ne dolreie *de tanta millia hominum si* perdut erent? *dixit.....* [22] Postea

44. en ceste *causa* ore *potestis videre quanta est misericordia et pietas Dei super*

45. *peccatores homines :* cil *homines* de cele *civitate........* [23] fendut que tost

46. le *volebat.......* delir, e tota la *civitate volebat* comburir et ad *nihilum*

47. redigere. *Postea* per cel *predictam......* [24] on fisient e *si conterrement*

48. fisient siache *deberent veniam et remissionem peccatorum suorum..... Deus*

49. *omnipotens qui pius et misericors et clemens est et qui......* [25] *mereantur*

50. *et vivent, cum ço videtis* quant *il se erent* convers *de via sua mala,* e sis

51. penteiet de cel mel que fait *habebant......... sic* [26] *liberat* de cel peril

52. quant il *habebat decretum* que *super* els mettreiet.

53.   *Cum potestis* ore *videre* et entelgir..... [27] chi sil feent *comme* faire lo

54. deent, e cum cil lo fisient dunt ore aveist odit. E poro *si vos* avient......

55. [28] faciest cest *predictam pœnitentiam...* quant oi comenciest; ne aiet niuls

56. male *voluntatem contra* sem peer; *ne habeatis......* [29] aiest cherte *inter*

57. vos, *quia caritas* operit *mendam peccatorum,* seietst unanimes in *Dei* ser-

58. vicio, et en tot..... [30] sire remunerati, faites vost alsmosnes, ne si cum

59. faire *debetis,* e faites vost *elemosynas* cert ço sapitis..... [31] acheder ço

60. que li proirets; preiets li que de cest *periculo nos liberat* chi *tanta mala nos*

61. *habemus* fait..... [32] *de paganis* e *de* mals *christianis. Poscite* li que cest

62. *fructum,* que mostret nos *habemus,* que el *nos conservet, et ad* maturi.....

63. ure [33] lo posciomes e cels *elemosynas* ent *possumus facere* que lui ent

64. *possumus proferre.*

65.   *Poscite* li que *remissionem omnium peccatorum nostrorum nos......* [34] *fa-*

66. ciat nos *ad gaudia æterna* pervenire. *Ibi valebimus gaudere et exsultare sine*

67. *fine cum omnibus sanctis per eterna secula seculorum, quando ipsi invisere di-*

68. gnemur *quœ videre......* [35] *sanctis gloriosus Deus. Per æterna secula secu-*

69. *lorum.*

70.   [36] *Per Judœos,* porquant il en cele duretie e en cele encredulitet per-

71. messient; *et etiam* plorat, *si cum* dist e le *evangelio,* [37] lieu de avant dist.

COMMENTAIRE

SUR

LE FRAGMENT DE VALENCIENNES.

RECTO.

Cette page embrassait les trois premiers chapitres de *Jonas;* le commentaire paraît avoir été plus considérable que les citations, car on retrouve peu de mots qui se replacent dans le texte original de la Bible. Les premiers paraissent à la ligne 5. Ils appartiennent au verset 13 du premier chapitre :

Ligne   5. [QUIA MARE IBAT ET INTUMESCE]BAT SUPER EOS. « E SI DIS-
« TRE[NT]..... » — C'est la traduction du verset suivant qui
commence : « Et clamaverunt ad Dominum. »
NIUL, dans cette ligne, est le français *nul.* Il reparaît à la
ligne 28.

Ligne   6. Appartient au verset 14 : « [Et ne] des super nos [sanguinem]
« innocentem. » — *Cist.* Débris de la traduction de
« [ne pereamus in anima viri] istius. »

Ligne   8. Le mot *mare* paraît appartenir au verset 15 : « [Et tulerunt
« Jonam, et miserunt in] mare : [et stetit] mare [a fervore
« suo]. »

Ligne 11. CEL PESCION. — Nous sommes dans le second chapitre. *Ce
poisson......* doit être du développement du texte.

Ligne 12. NOIEDS. — Paraît être le français *noyés,* en parlant des matelots du chapitre précédent : rien ne s'y rapporte dans celui-
ci. ÇO DIXIT, est un mot que j'expliquerai dans l'examen
du verso (sur la ligne 6).

Ligne 20. CLAMAVIT ET DIXIT : ADHUC. — Ces mots appartiennent
au verset 4. Complétez ainsi : « Quadraginta dies, et Ninive
« subvertetur. »

Ligne 22. USQUE AD MINORES. — Ces mots sont apparemment de la
glose du prédicateur, car le texte du verset 5 met le singulier *minorem*.

Ligne 24. VESTIRENT HAIRES A MAJORE USQUE. — Ces mots appartiennent à la traduction du verset 5, qui porte : « Et
« vestiti sunt saccis, a majore usque ad minorem. » *Saccis*
est rendu par *haires*. Notez *vestirent*, comme aujourd'hui.

Ligne 25. SACCO ET SEDIT IN CINERE. (Verset 6.) — Le roi de Ninive,
dit le texte, dépouilla ses habits, « et indutus est sacco, et
« sedit in cinere. »

Ligne 26. Notez le français, ES PERILS.

Ligne 27. E SI TULT SI EST. — Mots français. *Tult* prétérit de *tollir*.
C'est une syncope du latin *tulit*, comme *solt* en est une
de *solet*, et *douls* de *doles*.

Ligne 28. SEIT NIULS. — Nul ne soit.

Ligne 30. FISIENT. — « Faisaient. » Ce mot reparaît plusieurs fois
dans le verso, notamment à la ligne 54 ; le présent de
l'indicatif *feent* se trouve à la ligne précédente. C'est le
latin *faciunt* et *faciebant*. (Voyez sur la ligne 53 du verso.)

Lignes 31 à 35. L'orateur donnait une interprétation morale des
faits exposés dans ce chapitre. On remarquera, lig. 30, CILG.....
c'est le mot *cil* avec un *g* final euphonique, parce que sans doute le
mot suivant commençait par une voyelle. Ainsi au verso, lig. 24,
cilg eedre, tandis qu'on lit simplement *cil* aux lignes 23, 27, 37, 45.

—

Ligne 1ʳᵉ.

Les lignes 1 à 3 terminent le commentaire de l'auteur sur le troisième chapitre de *Jonas*.

On remarquera ce mélange de mots latins et de mots français sur une construction qui déjà appartient à la grammaire française : *Misericordiam si cum il semper solt haveir de peccatoribus, etc.* Le français et le latin, dans tout ce morceau, sont entrelacés de manière à se prêter lumière mutuellement.

Il est probable que dès lors *semper* se prononçait déjà *sempre*, forme sous laquelle nous le voyons figuré dans les *Rois*.

Si cum. Si est le latin *sic* dont la consonne finale ne sonne point. *Si cum*, « sic ut, » en italien *siccome*.

Si servait dès lors de moyen de liaison, par exemple, lig. 28. « Si « rogavit Deus ad un verme. » 29. « *Si* vint grances jholt. » 33. « *Si* « debetis intelligere Judæos. » Dans ces phrases et autres pareilles, *si* veut dire *sic*, au sens d'*alors* ou *ainsi*. Quand madame Jourdain dit à Dorante : « J'ai la tête plus grosse que le poing, et *si* elle n'est pas « enflée ! » c'est-à-dire *et sic*, et ainsi, et même en cet état, elle n'est pas enflée.

Solt, solet syncopé. La syncope est la première loi de transformation : un mot n'entre du latin dans le français qu'à la condition d'être, pour ainsi dire, éviscéré. On rapproche le reste, sous l'influence de certaines lois de prononciation déterminées par les conséquences de la syncope; par ex. *solt* était prononcé *sout*, l'*e* supprimé ne permettant plus de faire ressortir l'*l* de *solet*.

Ligne 2.

Les mots entre crochets ont été restitués d'après la ligne 52, où la même phrase reparaît.

Super apparemment était prononcé *supre*, comme *semper*, *sempre*;

mais la forme vulgaire existait dès lors, c'était *sore*. (Voy. sur la ligne
21.) *Metreiet*, forme d'imparfait qui est constamment celle des *Rois*,
du *Roland*, et qui se trouve dans plusieurs autres monuments. Ainsi
notre forme actuelle *mettrait, ferait*, n'est qu'une contraction de cette
forme primitive, *metreiet, fereiet*.

QUE SUPER ELS METREIET. Le *que* relatif a deux formes : 1° la
forme latine de l'adverbe *quàm* ainsi figuré d'après la prononciation,
quant. Exemple : « Un edre *quant* umbre li fesist » (l. 21). « De cel peril
« *quant* il habebat decretum » (l. 52). « *Quant* il se erent convers »
(l. 50).

2° La forme actuelle *que*. Exemples : « Cel edre sost *que* cil sedebat »
(l. 29). « Cest fructum *que* mostret nos habemus » (l. 62). « Cel
« eleemosynas *que* lui en possumus proferre » (l. 63).

Parce que s'exprime tantôt *por que*, et tantôt *por quant* : « *Por que*
« Deu cel edre li donat » (l. 23). « *Por quant* il en cele duretie permes-
« sient » (l. 70).

Et à propos de ce dernier exemple, j'observe, dès l'origine de la
langue, une règle que Théodore de Bèze formulait encore d'après
l'usage en 1584 : c'est que l's ne doit en aucun cas se faire sentir dans
le pluriel de *ils*. Ainsi l'on écrira *ils avaient*, mais on prononcera,
comme au singulier, *il avaient :* cela est tellement vrai, que dans la
langue primitive cette s ne figurait pas même aux yeux; et, en effet,
illi n'a pas plus d's que *ille*.

Ligne 6.

DUNC, c'est *tunc* adouci, qu'on avait prononcé sans doute *tonc* ou
tounc ; ainsi l'usage de commencer une phrase de récit par *donc* revient à l'usage conservé par les conteurs rustiques, de commencer par
alors : c'est le mot de début qui commande l'attention.

Ço DIXIT, autre formule narrative équivalente à celle-ci : *qui dit*
(qu'il dit), dont certains conteurs populaires sèment leur narration,
même lorsqu'ils ne font parler personne; c'est comme un temps de
repos, une virgule articulée. Notre orateur aussi la ramène à chaque
instant. Il est vraiment curieux d'observer comme ces habitudes per-
sistent et se transmettent d'âge en âge parmi le peuple.

L'*x* équivalait à *ss* : on prononçait *dissit*. Déjà, dans les *Rois*, la syncope est opérée, et l'on ne trouve plus que *dist*, où l's, maintenue pour les yeux seulement, dépose de l'étymologie.

Cette formule naïve et primitive *ço dist*, se rencontre à chaque page des deux plus anciens monuments de notre langue : celui qui nous occupe, et que je place le premier de beaucoup dans l'ordre chronologique, et le *Roland* :

> Mis avoez la vos suirat, *ço dist.*
>
> Marsiliun, *ço dist,* serat guarant.
>
> Ne laisserat que n'i parolt, *ço dist.*

On pourrait trouver que ces exemples ne présentent pas la locution employée absolument comme dans le fragment de Valenciennes, attendu que *ço dist* y est commandé par un nominatif : soit ; en voici donc où l'analogie parfaite ne saurait être contestée :

> Icele tere, *ço dist,* dunt il esteit
> Soleil n'i luist, ne blet n'i poet pas creistre.
>
> (*Roland,* II, 319.)

Ce n'est pas Chernuble qui parle de lui-même ; le poëte rapporte les propos dont il était l'objet.

Ganelon parlant à Charlemagne :

> Ensurquetut si ai jo vostre suer,
> Si n'ai jo un filz. . . . .
> Ço est Baldewin, *ço dist,* ki ert prozdom.
>
> (*Ibid.* I, 313.)

Dans ces derniers exemples, *ço dist* ne tient à rien, ne signifie rien, non plus que dans les conteurs rustiques de nos jours, *qui dit* ou *qui m'dit, dit-il.*

Ligne 8.

SAVEIET ÇO QUE. « Il savait cela que.... » Je ne puis deviner le sens des mots qui suivent : *li celor sub ço.* « Astreiet eis ruina Judæo-« rum » complétait la phrase : « il savait ce point que...... serait pour eux la ruine des Juifs. »

Ligne 9.

CUM IL FACIEBAT. *Cum,* avec l'orthographe latine, est déjà le français *comme,* pour le son et pour le sens.

On remarquera que dans les phrases en vulgaire l'article français se joint avec le verbe latin; ainsi les désinences latines ont perdu leur valeur. Exemples : *il faciebat; il habebat* decretum (1. 52). D'autres fois leur valeur leur est maintenue. Exemple : « e *faciebat* grant «jholt» (1. 20); mais la différence vient peut-être de ce que *il faisait,* dans ce dernier cas, est un verbe impersonnel.

Ligne 10.

NE SI CUM LEGIMUS. *Ne si,* qu'il faut peut-être écrire en un seul mot *nessi,* paraît encore une fois dans cette pièce pour *ainsi :* « Faites «vost almosnes *ne si* cum facere debitis» (1. 58).

D'où peut venir cette syllabe *ne?* Il faut noter que, dans les deux exemples où il se rencontre, *ne si* est immédiatement précédé d'un mot terminé par la même consonne nasale : « *Judæorum, ne si cum* » (on prononçait *Judæoron*). « *Almosnes, ne si cum...* » Dans les autres passages, on lit simplement *cum* ou *si cum* : « Lor salut *cum* il facie- «bat» (1. 9). «Perdut *si cum* il ore sunt» (1. 36). « *Comme* faire lo «deent, e *cum* cil lo fisient» (1. 53). «Plora, *si cum* dist e» (1. 71).

Il me semble probable que dans *ne si, ne* est un écho noté de la syllabe précédente. C'est l'*n* finale de *Judæoron* et d'*almosnes* qui retentit sur l'initiale du mot suivant.

E LE EVANGELIO. *E* paraît être *en;* le signe abréviatif de l'*n* sur l'*e* aura été omis ou s'est effacé. Notez l'article *le* joint à l'ablatif *evangelio.* La finale *o* était sans doute muette (on a depuis employé cet *o* à peindre le son de l'*e* muet. Je ne citerai que Palsgrave, à la fin du xv⁰ siècle), et l'*e* de l'article s'élidant sur le suivant, l'oreille entendait à peu près comme aujourd'hui *en l'Évangile.*

QUE *Dominus noster.* Ce *que* adverbe, *quòd* en bas latin, existait déjà. Exemples : « car ço videbant *que*» (1. 34); « preiets li *que*» (1. 60); poscite li *que*» (1. 61).

Ligne 11.

Dominus flevit super Hierusalem. S. Luc, cap. XIX, vers. 41.

Ligne 12.

Paulus apostolus optabat esse anathema. Epist. ad Rom. cap. IX, vers. 34.

Ligne 15.

Je signale pour la dernière fois, de la ligne 14 à la ligne 17, le mélange du latin et de la langue vulgaire.

HABUIT PRETIET ET CONVERS. *Pretiet* signifie-t-il *apprécié?* Dans la langue refaite à la fin du XV° siècle, sous l'influence du pédantisme de la renaissance, *convers* est devenu *converti;* mais il est resté sous sa forme première dans la langue des couvents.

ESCIT. De *escir,* plus tard *issir,* transformation d'*exire,* l'*x* valant *ss,* comme j'ai dit sur la ligne 6.

Ligne 16.

FOERS. « Fors, foras, »*fuero* en espagnol. On prononçait sans doute *feur,* l'*oe* ayant la valeur qu'il garde en allemand dans *Goethe,* par exemple, et en français dans *œuvre, œuf,* qui se sont écrits sans *u, oevre, oef.*

DE LA CIVITATE. On lit de même, lig. 45 : « Cil homines de cele « civitate. » (Voyez la note sur la ligne 46.)

E SI AVARDEVET. « Et ainsi *agardait,* regardait. » La terminaison moderne de cet imparfait résulte aussi d'une syncope. (Voy. sur la lig. 2.) La forme primitive calquait plus exactement la terminaison latine, *abam, abas, abat,* par *ove, eves, evet,* pour les verbes formés de la première conjugaison latine. Exemples :

« Et quant li espirs, moi present, *trespassevet.* » (*Job,* p. 483.) « Et « quant li jor astoient entur passeit, .si *envoievet* Job, c si les *saintefie-* « *vet.* » (*Ibid.* p. 491.) « Quant cil encore *parlevet.* » (*Ibid.* p. 500.) « Je « *pensoue* que je t'ociereie. » (*Rois,* p. 94.)

Il faut observer que le *v* et l'*u* n'avaient point de forme distincte ;

ainsi l'on écrivait : *j'amoue, tu ameues, il amauet*, d'où est venue naturellement la syncope : *j'ameue, tu ameus, il ameut*, autrement,
j'amoue, tu amoues, il amout. La version des *Rois* suit cette dernière
forme de conjugaison : « Jo duil sur tei, chier frere Jonathas, que *jo*
« *amoue* si cume la mere sun filz, qui n'a mais un. » (*Rois*, p. 123.)

Mais comme l'on rencontre dans ces mêmes textes des formes
d'imparfait en *eis*, à la moderne, je vais mettre ici la règle que je
pense avoir retrouvée.

RÈGLE. 1° Les verbes réguliers qui ont l'infinitif en *aire, er*, font
l'imparfait en *oue*.

2° Les verbes réguliers ayant leur infinitif en *re, ir, ire, oire*, le
font en *eis*.

EXEMPLES.

Verbes en *er* et *aire*. « David *guerriout* ces de Moab. » (*Rois*, p. 146.)
           « Ceste afaire *desplout* mult a nostre Seignur. »
           (p. 157.)

―――― en *oire* et *ir*. « E *beveit* de sun boivre, e en sa culche se *dor-*
           « *meit*. » (p. 158.)

――― en *ire*. « E lur eschieles *descunfiseit*. » (p. 211.) « E for-
           « ment les *destrueit*. » (p. 146.)

――― en *oir*. « (Salomon) un charme truvad par unt il *so-*
           « *leit* asuager les mals. » (p. 241.)

――― en *re*. « Sur les grans guerres ki li *surdeient* de plusurs
           « parz. » (p. 242.)

Ligne 17.

ASTREIET. C'est l'imparfait du subjonctif du verbe *estre*. L'*a* et l'*e*
s'échangeaient sans difficulté : jusqu'au XVIIᵉ siècle on a dit *larmes* ou
lermes, tache ou *teche*, etc.

« Uns hom *astoit* en la tere Us, ki out num Job. » « Kar il soi *as-*
« *toient* entrafiet ke il ensemble venroient. » (*Job*.)

Astreiet est donc pour *estreiet*, serait. Le verbe auxiliaire *être* a donc
été formé dans le berceau même de la langue française.

Il était donc dès lors irrégulier, puisqu'il faisait au présent *je suis*.
En effet, on lit à la ligne 35 : « Si astreient li Judæi perdut, cum *il*

« ore *sunt*. » Mais il était irrégulier en moins de temps qu'aujourd'hui. Ainsi de l'infinitif *estre* se tirait régulièrement *j'esterois*. On voit aussi par la version des *Rois* que le futur était dans l'origine *j'esterai*, *tu esteras*, *il estra*, dont la forme actuelle est un dérivé facile à comprendre : *j'esserai*, *j'esserois*; *je serai*, *je serois*.

U NE FEREIET. « Ou ne ferait. » La terminaison *eiet* a été déjà signalée. (Voy. sur la ligne 2.)

Ligne 19.

Sur ces participes *laboret*, *penet*, je remarquerai seulement le *t* final euphonique. Les *Rois*, le *Roland*, S. Bernard, ne l'omettent jamais.

Ligne 20.

GRANT IHOLT. « Grand chault. » L'*i* initial est une consonne, un *j*, adoucissement du *ch*; il y a encore de vieilles personnes qui prononcent des *jevaux* et des *jeveux*. Cette prononciation molle était autrefois à la mode : elle est restée une règle dans *second*, que tout le monde prononce *segond*, et dans *cigogne*, qui vient de *ciconia*.

L est étymologique et rappelle *calidum*. Le son natif de l'*o* est long et fermé, à peu près équivalent à la diphthongue *au*. Ce n'est qu'en Lorraine qu'on prononce *un gigŏt*, bref et ouvert; en revanche on y dit *les Laurains*, ce que l'ancienne orthographe notait *les Loherains*, orthographe allemande qui se retrouve dans le nom propre *Hohenlohe*.

Ligne 21.

UN EDRE SORE SEN CHEVE. Un lierre sur son chevet.

On a vu plus haut (1. 2) *super els;* ici la traduction de *super* existe en langue vulgaire : c'est *sore*. Ce dualisme de formes règne d'un bout à l'autre de cette pièce : dans aucun autre document l'on ne voit les deux idiomes en présence comme dans celui-ci; aucun aussi ne porte cette date reculée.

QUANT UMBRE LI FESIST. *Quant* pour *qui*. (Voyez sur la ligne 2.) Les formes *qui* et *que*, pour le pronom relatif, ont été longtemps équivalentes.

L'infinitif *repauser*, et deux lignes plus bas son substantif *repausement*, se sont formés du participe passé de *reponeré*. Ils devraient, pour suivre l'étymologie, être écrits par un *o*; c'est l'inverse de *jholt*, qui aurait dû être écrit par *au*. (Voy. lig. 20.)

Ligne 23.

A sun soueir. Le mot *soueir*, l'*r* finale étant muette, est notre mot moderne *souhait*.

Quelles en sont les racines? Elles sont exclusivement françaises : le pronom possessif *son* et le substantif *eit*, ou *hait* suivant l'orthographe de l'époque.

Hait donna naissance au verbe impersonnel *haiter* : cela *me haite*, c'est-à-dire m'agrée, me plaît, me séduit.

Son est changé en *sou* par la promiscuité continuelle de l'*n* et de l'*u*. Il ne faut tenir aucun compte de l'*h*, qui est tout à fait de fantaisie dans la plupart des mots. A souhait, à son hait, à son gré, *pro lubitu* ou *ad libitum*.

Mais ce substantif *eit* lui-même, quel est-il? d'où vient-il? On le trouve à chaque page des *Rois* et du *Roland*. Le poëme de Theroulde surtout nous livre son origine en employant indifféremment *eit* et *espleit* : « curre ad eit, curre ad espleit. »

> Brochent *ad eit*, lor cevals laisent curre.
> Trestut seit fel ki n'i fierge *ad espleit*.

Je ne doute pas que *eit* ne soit par apocope d'*espleit*, lequel est la traduction d'*expletum*. (Voyez Ducange sur ce mot.)

On voit combien, à travers toutes ces métamorphoses de forme, le sens a peu dévié, car celui d'*expletum* touche à celui de *souhait*.

Ainsi le mot actuel *souhait* remonterait sans altération jusqu'au ix⁰ siècle.

Ligne 28.

Cel edre sost que cil sedebat. Il ne serait pas surprenant que, si près du latin, la langue vulgaire conservât quelque trace des cas : que, par exemple, *cel* fût pour l'accusatif, et *cil* pour le nominatif. La distinction n'est pas causée par les genres, puisqu'à la ligne suivante on lit : « e *cilg* eedre fu seché. »

Ou bien peut-être cette distinction est-elle sans valeur au fond, et la double forme existait-elle pour le pronom démonstratif comme pour le relatif. On disait indifféremment *qui* ou *que*; l'on pouvait dire indifféremment aussi *cil* et *cel*. Cette dernière hypothèse me paraît la plus vraisemblable.

Ligne 29.

CILG EEDRE FU SECHE. *Eedre* par un double *e*, à cause des deux *e* du latin *hedera*. Je ne devine pas la valeur du *g* final ajouté à *cil*. On le voit de même à la ligne 34 du recto.

GRANCES IHOLT. Pourquoi pas *grant*, comme il est écrit plusieurs fois ailleurs? J'en tire un argument pour la prononciation fortement appuyée du *j* dans *jholt*. L'orthographe a noté un effet de langage analogue à celui par lequel j'ai tenté d'expliquer cette forme *ne si*. C'est un écho. (Voy. sur la ligne 10.)

Ligne 32.

POSTEA. Cet adverbe, qui revient souvent placé de même, paraît être une formule de transition ou d'habitude narrative, comme dans les récits naïfs du peuple on dit, *après ça*[1]. « Postea, ço dixit. » *Après ça, qui dit.* « Après ça, par ce lierre il vous faut entendre les Juifs. » (Voy. lig. 36 et 38.)

Ligne 33.

INTELLIGERE PER JUDÆOS. *Per* me paraît un *lapsus calami* qu'il faut supprimer en lisant *intelligere Judæos*.

CHI SICCI. Le *ch* était dur : c'est donc déjà le *qui* français, et non le *qui* latin. Il reparaît ainsi figuré lig. 44 et 50.

Lignes 34 et 35.

Ces deux lignes forment une des phrases les plus complètes de la

---

[1]. Cette remarque sera comprise particulièrement de ceux qui se souviennent d'avoir suivi le cours de botanique du bon M. Desfontaines au Jardin des Plantes. *Après ça* était la transition favorite de cet excellent homme; il en abusait. *Après ça*, c'était un abus aussi innocent que la science même qu'il professait.

page : « Car les prophètes voyaient par esprit cela, que quand les na-
« tions viendraient à la foi, alors les Juifs seraient perdus, comme ils le
« sont aujourd'hui. »

Vous remarquerez, dans la ligne 34, *cum* employé comme mot latin
au sens de *lorsque*, tandis que çà et là, dans ce qui précède et ce qui
suit, c'est le français *comme*. Il fallait donc que l'auditoire pût saisir le
sens dans l'une et dans l'autre langue.

Ligne 41.

Tu douls. *Doles.* Le verbe *douloir* s'employait comme le verbe
neutre *dolere*, et sans l'adjonction du pronom réfléchi qu'on y a plus
tard attaché : *se douloir.*

Ligne 43.

E io ne dolreie. La dernière syllabe de *dolreie* est le pronom *je* uni
au verbe : « ne doulrei-je, » *dolerem ego.* C'est la première apparition
du pronom de la première personne. Ce que j'ai dit plus haut de l'emploi de l'*o* pour noter l'*e* muet final va se trouver ici confirmé.

Je transcrirai d'abord une règle d'une grammaire française composée en latin vers la fin du xivᵉ siècle, dont je possède une copie,
et dont le manuscrit existe à la Bodléienne :

« Reg. VIII. Item, illæ syllabæ ie. ce. ieo. ceo. indifferenter pos-
« sunt scribi ceo cum o, vel ce sine o. »

Secondement, Jean Palsgrave voulant noter pour ses compatriotes
la prononciation de quelques passages français, figure toujours l'*e*
muet final par *o*. Il écrit pour *songes, mensonges, nature, physionomie*:
soungos, mensoungos, nateuro, fizionomio [1].

Enfin le provençal termine par *o* muet les substantifs féminins ter-
minés par *e* muet en français.

Par conséquent ces formes *jeo, ceo* dont sont remplis les textes an-
glo-normands comme le *Roland*, le *Rou*, le *Brut*, la version des *Rois*,
étaient pour l'oreille identiques à *ce, je.*

---

[1] La grammaire de Palsgrave, dont il n'existait sur le continent qu'un seul exemplaire appartenant à la bibliothèque Mazarine, est réimprimée et paraîtra sous peu de
temps parmi les documents inédits de l'histoire de France.

DE TANTA MILLIA HOMINUM. En atténuant le son de l'*a* final, on obtient *de tante milie*. C'est presque le français actuel, *de tant de mille;* car *milie*, comme écrivent toujours le *Roland* et le traducteur des *Rois*, ne représente que deux *ll* mouillées, et rimait à *fille*, que l'on figurait *filie*, conformément à l'étymologie. C'est nous autres modernes qui avons dérivé.

Ligne 46.

DELIR..... COMBUBIR. *Delere, comburere*. Ces deux verbes ne sont point restés dans la langue; ils étaient si près du latin, que celui qui peut-être les forgeait ici était bien assuré d'être intelligible à son auditoire.

J'ai posé ailleurs une des règles de transformation que nous voyons pratiquée ici, savoir que l'*e* du mot latin devenait *i* dans le mot français, et que réciproquement *i* latin était changé en *e* français. J'en ai cité de nombreux exemples dans les *Variations du langage français*.

E TOTA LA CIVITATE VOLEBAT COMBURIR. Il faudrait, ce semble, *totam la civitatem*, mais les règles de la grammaire latine commençaient à s'effacer. On conserve encore l'inversion latine, et déjà les désinences sont perdues, sans lesquelles l'inversion ne peut se justifier. Il paraît que *civitas* ne se déclinait plus : le mouvement s'était arrêté sur l'ablatif *civitate*, qui ne tarda pas à se syncoper en *cité*. Quand l'orateur rapporte les paroles de la Bible, il est bien obligé de faire intervenir les formes du génitif et du datif, *civitatis, civitati;* mais dans sa glose il ne connaît plus que *civitate*. Lig. 45 : « Cil homi-«.nes de cele *civitate*. » Il semble qu'il aurait dû dire, « de cele *civi-* « *tatis*, » ou bien peut-être laisse-t-il au *de* français la faculté du *de* latin de régir l'ablatif?

Ligne 5o.

CUM ÇO VIDETIS QUANT IL SE ERENT CONVERS DE VIA SUA MALA. « Comme vous voyez qu'ils s'étaient convertis (ou détournés) de leur «mauvaise voie. » *Quant* est pour *que*. (Voy. sur la ligne 2.)

E SIS PENTEIET. Il faut lire, *e si s'penteient*, et ainsi se repentaient. L'abrévation mise sur le dernier *e* aura disparu.

Il est bien remarquable de trouver, dès l'origine de la langue, cette forme réfléchie, *je me repens,* forme illogique et opposée au latin *me pœnitet.* On avait fait *il m'en repent* impersonnel, comme *il me souvient, il me fâche, il m'ennuie.* « Ore *m'en repent* que fait ai Saul rei sur « Israel. » (*Rois,* p. 54.) Mais on lit dans le même texte : « Deus *se re-* « *pentid* que fait l'aveit rei sur Israel » (p. 57). « Il n'est pas huem ki « de sun fait *se repente.* » (*Ibid.*)

Ligne 51.

DE CEL MEL QUE FAIT HABEBANT. *Mel* pour *mal,* par la substitution de l'*a* et de l'*e,* qui a duré jusqu'au XVIIe siècle. (Voy. sur 17.)

Ligne 53.

CUM POTESTIS ORE VIDERE ET ENTELGIR. *Cum* est le français *comme. Videre* est pur latin; on en fera bientôt, s'il n'est déjà fait, *veir,* non par transposition, mais transformation des voyelles, après la syncope l'*i* latin devenant *e* français, et réciproquement. *Entelgir* est la transformation d'*intelligere,* lequel figure encore sous sa forme latine à la ligne 33 : « Si debetis *intelligere* per Judæos. »

Theroulde emploie *veir* et *vedeir,* deux formes dont la seconde serre de bien plus près le latin :

Si 'n vois *vedeir* alques de sun semblant.
Ne loinz ne pres ne poet *vedeir* si cler.

De même de « sedere, » *sedeir :*

Alez *sedeir* desus ce paile blanc.

Ensuite, par syncope, *séir, véir, seoir, veoir.*

Notre langue a perdu l'infinitif *entelgir;* elle a, en revanche, l'adjectif *intelligent,* formé sans intelligence des règles primitives, par les pédants de la renaissance qui moulaient servilement la forme latine; de là quantité de formes doubles en français, l'une primitive, l'autre née au XVIe siècle : *empreindre, imprimer; enluminer, illuminer; enduire, induire,* etc. (Voy. sur 70 et 71.)

CHI SIL FEENT CUM FAIRE LO DEENT. Je propose de lire, *chi si l'feent.....* c'est-à-dire : ceux qui le font ainsi comme ils le doivent faire, ceux qui font leur devoir.

Feent, « faciunt, » et *deent,* « debent, » étaient sans doute prononcés avec une consonne intercalaire entre les deux *ee*. Je suppose que c'était pour le premier une *s*, *fesent*, et pour le second un *v*, *devent*.

Cette terminaison *ent* n'était pas toujours muette comme dans nos troisièmes personnes du pluriel; par exemple, *ils aiment*. Elle sonnait aussi comme à l'extrémité de nos adverbes en *ment*; ainsi on disait, *ils faisant*, *ils devant*. Et comme les sons *an* et *on* s'échangeaient sans cesse, de là est venue la forme patoise, *ils faisont*, *ils devont*.

Tous ces imparfaits avaient donc alors une désinence masculine au lieu d'une féminine que nous leur attribuons; c'est pourquoi ils comptent dans les vers pour une syllabe de plus qu'ils n'ont aujourd'hui : de là vient que tant de vers anciens, lus dans le système de la prononciation moderne, sont trouvés trop courts d'une syllabe. Dans *Roland* :

> Diseient li : Sire, rendez le nus.
> Si chevalcerent; qu'en *fereient* il plus ?
> Il *querreient* que Rollans fust ocis.
> Pur les nuveles qu'il *vuldreient* oïr.

Il faut, pour obtenir la mesure, prononcer *disiant, querriant, feriant, voudriant*. (Voy. l'Introduction du *Roland*, p. CLXVI.)

Mais il est très-essentiel d'observer que l'usage de cette terminaison est facultatif, et que l'autre forme, la forme muette, la forme actuelle, était employée concurremment :

> Ad Apolin *encurent* en une crute,
> Tencent a lui, laidement l'*despersunent*.....
> Entre lur piez a tere le *tresturnent*,
> A granz bastuns le batent e *defruisent*,
> A Tervagant tolent sun escarbucle,
> E Mahomet enz en un fosset *butent*,
> E porc e chen le mordent e *defulent*.
>   (*Roland*, IV, 184 et sqq.)

Non-seulement ces finales sont féminines et muettes, mais encore elles sont, comme telles, susceptibles d'élision :

> Ad Apolin *encur'* en une crute.

.A partir de cette ligne 53 commence la péroraison. L'orateur a

fini d'exposer le texte et de le commenter : il conclut par des recom-
mandations générales à son auditoire : Faites pénitence; exercez mutuellement la charité; demandez à Dieu la rémission de tous vos péchés et qu'il veuille bien nous conduire à la gloire éternelle, etc.

Ligne 55.

Faciest cel predictam poenitentiam quant oi comenciest. « Faites
« cette susdite pénitence qu'aujourd'hui commencez. » C'est-à-dire sans
doute, parfaites ou achevez-la, persistez-y.

Faciest. *Faisez;* forme d'impératif dont il y a plusieurs exemples
dans ce morceau : *aiest* (l. 56), ayez; *preiets* (l. 60), priez; *seiets* (l. 57),
soyez. Il paraît que dans l'origine *faire* formait son impératif régulièrement; cependant à la ligne 58 et à la ligne 59, on voit la forme
actuelle *faites :* « *faites* vost almosnes..... et *faites* vost elemosynas. »
Ainsi les deux formes sont déjà en présence.

Peut-être aussi *faciets* n'est-il pas l'impératif, mais le subjonctif *fa-
ciatis* que nous disons aujourd'hui *fassiez.* J'incline pour cette dernière explication.

Ne aiet. *N'aie,* avec le *t* final qui caractérise la troisième personne.
— Nuls, *nullus.* — Male voluntatem. Le verbe actif conserve sa
vertu de gouverner l'accusatif, et la forme de l'accusatif subsiste encore pour *voluntas* quand elle a déjà péri pour *civitas.* (Voyez ci-dessus,
lig. 38.) — Contra sem peer. « Contra suum parem, » contre son
prochain. Les Anglais gardent encore cette orthographe de *peer.*

Ligne 56.

Aiest cherte. *Aiest,* forme primitive de l'impératif ou de l'optatif,
comme *seiest, faciest, comenciest. St* tient la fonction de notre *z* moderne.

« Ayez *cherté* inter vos, quia *caritas....* » La forme vulgaire cou-
doie la forme latine d'où elle est dérivée. De « caritate » *cherté,* et non
charité, comme le refirent les pédants de la renaissance. Notons encore ici une règle de transformation : Après l'éviscération, qui est
toujours le premier procédé, l'*a* du latin devient *e* en français. *Caritate, car-tate, car* [*i ta*] *te* (la syncope est double)¦, enfin *cherté.* (Voy.
sur 42 et 48.)

Ligne 58.

Faites vost alsmosnes; et à la ligne suivante : *Faites vost elemosy-nas.* La forme latine *elemosynas* reparaît à la ligne 59.

Observons comment s'est formé le mot français par l'application des règles générales de transformation. D'abord l'éviscération du mot latin : *elemosynas, elemosnas, elmosnas.* Ensuite le remplacement de l'*e* latin par l'*a* français, qui est la réciproque de la règle citée sur la ligne 51, et à la page 208 des *Variations du langage français;* ce qui donne *almosnes.*

Et en troisième lieu, appliquant la règle de ne point prononcer deux consonnes consécutives, nous arrivons à proférer *au* cette nota-tion *al, ô* long cette notation *os,* et nous avons le français actuel *au-mônes.*

Vost, apocope de *vest*[*ras*], l'*e* changé en *ŏ* bref.

Le *t* final étymologique ne sonnant point, est tombé promptement de l'écriture, et il est arrivé que les lettrés ont dit et écrit, « faites *vos aumônes.* » Le peuple, au contraire, a banni l's et maintenu le *t* étymologique : « faites *vot' aumônes.* »

On remarquera que *nos, vos* n'ont point le *t* final lorsqu'ils signifient *nous, vous :* « S'i *vos* avient » (l. 54). « Que el *nos* conservet » (l. 62). Preuve que l'écrivain y faisait une différence d'après l'étymologie.

Ligne 62.

Et ad maturi..... ure lo posciomes. Le commencement de la ligne coupé met dans le sens une lacune qui me paraît facile à combler : « et ad maturi[tatem cond]ure lo posciomes, » et que nous puissions amener ce fruit à maturité.

Cette forme *possiomes,* très-rapprochée de *possimus,* se retrouve dans les plus anciens textes. Ex. « Se nous *demenomes* ensi li uns les « aultres e *alomes* rancunant, bien voi que reperdrons toute la tiere, e « nous meismes *seromes* pierdu. » (Villehardouin.)

> Et vous et moi *seromes* compaignon.
> (*Agolant.*)

Le texte du *Roland* écrit *poüssum* par une *m, puissions :*

Par quel mesure le *poüssum* hunir.

Qu'en rere guarde trover le *poüssum*.

Ligne 65.

REMISSIONEM PECCATORUM NOSTRORUM NOS FACIAT. Il faudrait *nobis*. Mais *nobis* avait déjà cédé la place à la forme immobile *nos*, acheminement à la forme française *nous*, laquelle confond le nominatif, le datif et l'accusatif : « Que el *nos* conservet » (1. 62). De même à la ligne 54 : « S'i *vos* avient; » *vos* représente également *vobis*.

On rencontre dans les litanies du moyen âge un curieux exemple de cette immobilisation de la forme latine :

Sancta Maria, ora pro *nos*.

Sancte Petre, ora pro *nos*.

Lignes 70 et 71.

Le sermon est terminé comme l'indique la formule finale *per æterna sæcula sæculorum*. Les deux lignes 70 et 71 sont un renvoi se rattachant à la ligne 33 et indiqué par la reprise des mots *per Judæos*. Le prédicateur insiste sur la figure du lierre séché, où il voit le peuple juif : « Parce qu'ils étaient demeurés dans cet endurcissement et cette « incrédulité. » Le mot *durecie* est le latin *duritie*. *Encredulitet* est la forme primitive et plus logique d'*incrédulité;* en effet, puisque *in* est en français *en*, on devrait dire *encrédulité*, comme on dit *empreindre*, *enflammer*, *enfler*, et non pas *impreindre*, *inflammer*, *infler*, etc. *Permessient*, « permansissent. »

E LO EVANGELIO. Ces mots ont déjà paru dans la ligne 10. (Voyez la note.)

LIEU DE AVANT DIT. *De avant* s'est contracté en *devant*.

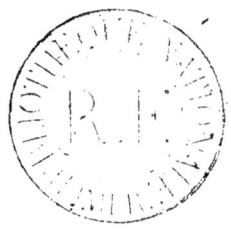

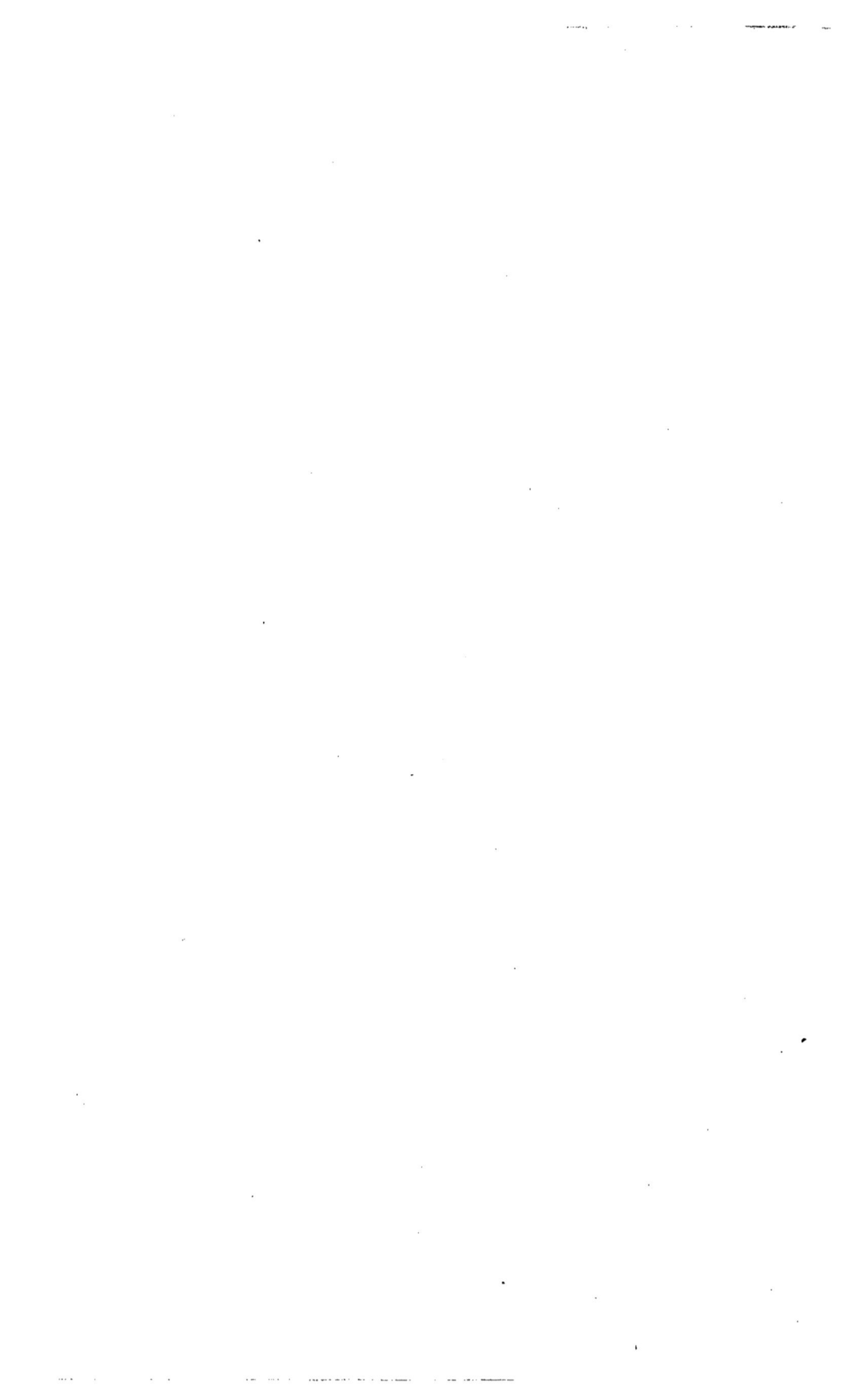

www.ingramcontent.com/pod-product-compliance
Lightning Source LLC
Chambersburg PA
CBHW070615100426
42744CB00006B/488